십 대를 위한

동화 속 젠더 이야기

십 대를 위한
동화 속 젠더 이야기

초판 1쇄 발행 2019년 3월 15일
초판 11쇄 발행 2024년 1월 10일

지은이 정수임
펴낸이 이지은 **펴낸곳** 팜파스
기획편집 박선희 **마케팅** 김민경, 김서희
일러스트 박선하 **디자인** 조성미
인쇄 케이피알커뮤니케이션

출판등록 2002년 12월 30일 제10-2536호
주소 서울특별시 마포구 어울마당로5길 18 팜파스빌딩 2층
대표전화 02-335-3681 **팩스** 02-335-3743
홈페이지 www.pampasbook.com | blog.naver.com/pampasbook
이메일 pampas@pampasbook.com

값 13,000원
ISBN 979-11-7026-238-1 (43300)

이 도서의 국립중앙도서관 출판시도서목록(CIP)은 서지정보유통지원시스템 홈페이지 (http://seoji.nl.go.kr)와 국가자료공동목록시스템(http://www.nl.go.kr/kolisnet)에 서 이용하실 수 있습니다.(CIP제어번호: CIP2019006323)

남자다움, 여자다움에 갇힌
'나다움'을 찾아 떠나는 동화 속 인문학 여행!

십 대를 위한

동화 속 젠더 이야기

정수임 지음

팜파스

인터넷은 고사하고 서점도 흔하지 않았던 시절, 도서관은 어디 있는지 알기도 힘든 시절이 있었다. 그런 시절에도 우리 집엔 세계명작동화, 전래동화, 추리소설, 위인전, 과학전집이 한쪽 벽면을 채우고 있었다. 학구열이 남달랐던 어머니는 책을 파는 외판원에게 전집을 구매했고 다행히도 나는 돈이 아깝지 않을 정도로 책을 읽으며 컸다. 하지만 그 책들이 순간순간 내 발목을 잡을 거라는 건 책을 판 외판원도, 책을 산 엄마도, 책을 읽었던 나도 전혀 몰랐다.

아들, 딸 구별 말고 하나만 낳아 잘 기르자던 시절에 부모님은 정말 구별 없이 나 하나만 낳으셨는데 그 덕분에 나는 일찍부터 과학 상자를 열었고, 라디오 조립대회에서 인두질을 했다. 아버지는 여자도 형광등을 갈고, 가구를 조립할 수 있어야 한다며 내게 망치와 못을 들게 했다. 하지만 그럼에도 나는 무의식적으로 또 의식적으로 내 몸의 살을 관리하며 예뻐지기 위해 노력했고 하고 싶은 말은 잘 참았다. 어릴 때 읽었던 책들은 내 발목을 이런 식으로 잡으며 아버지의 권위 앞에 순종하게 했고 어머니의 수고를 당연하게 여기게 했다. 착하다는 공주들이 왕자님을 만나 오래오래 행복하게 살 듯, 착하게 살고 부모님 말만 잘 들어도 왕자님이 나타날 거라고 믿으면서 말이다.

울긋불긋한 여드름이 얼굴에 나고 짝사랑으로 눈물을 찔끔찔끔 흘리면서 왕자님은 세상에 없다는 것과 동화 속 그 흔한 공주가 나는 아니라는 사실을 알게 되었다. 결정적으로 책 속 주인공들처럼 착하게 굴고 양보를 하다 보면 손해만 본다는 사실도 깨달으며 그동안 읽었던 동화책들을 의심하기 시작했다. '지금 공부하면 아내 얼굴이 바뀐다'는 류의 급훈들을 들먹이며 키득거리는 남자애들을 향해 눈을 흘겼고, 등을 쓰다듬는 남자 선생님들의 손이 부담스러웠지만 나는 싸움을 원하지 않았으므로 타협과 침묵을 일삼으며 어른이 되었다.

교사가 되었고 아이들을 만났다. 내가 읽었던 그 동화를 읽으며 자란 아이들은 순식간에 지구 반대편 소식을 알게 된 세상을 살면서도 바로 옆자리 친구가 상처 받는 일에는 무심했다. 어른이 된 나는 이제 타협과 침묵만으로 아이들을 마주할 수 없는 신세가 되었다. 교실 안에서 아무렇지 않게 "몸매 죽이지 않냐?"를 시작으로 하는 얼굴 품평회를 가만히 듣고 있을 수 없는 직업을 가졌기 때문이다. 그들 속에 숨어 발끈하기 힘들어하는 아이들의 눈과 마주쳤고 혼자서 무엇이라 말하면 벌떼처럼 달려들어 '예민하니, 까칠하니'와 같은 소리를 감당해야 하는 아이들이 눈에 들어왔다. 교실엔 눈물을 참으려는 남자아이들과 눈물을 흘린 친구를 놀리는 아이들이 함께 있었고 수다가 더 즐거워도 마지못해 축구를 하러 나가는 아이들을 바라보는 일에서 의문과 의심이 시작되었다.

이야기의 힘은 세다. 더욱이 처음 듣는 이야기의 힘은, 게다가 세상에서 가장 신뢰하는 엄마, 아빠의 입을 통해 듣는 이야기는 세상의 전부라고 해도 믿게 된다. 그런 이야기가 바로 동화다. '어린이를 위한'이라는 말이 책 앞에 떡하고 붙어 있으니 누구나 의심 없이 좋은 것이라 믿고 책을 펼치고 이야기를 읽어 준다. 세상에서 가장 사랑하는 자신의 아이들에게 말이다. 하지만 부모는 알고 아이는 모르는 게 있다. 부모는 세상이 동화와 다르다는 걸 알지만 아이는 그것을 모른다. 그래서 나처럼 책 속의 주인공이 되려고 애쓰고 또 내가 만난 아이들처럼 남자는 힘이 세고 강해야 하며 여자는 예쁘고 착해야 한다고 믿게 된다. 물론 그 믿음은 어느 날 내가(부모들이) 그랬던 것처럼 산산조각 난다. 하지만 조각날 줄 알았던 그 믿음은 마음 아주 깊은 곳에 뿌리 내려 있어 종종 불려 나온다. 거짓말인 줄 알면서도 여전히 남자는 가족을 부양해야 하고 여자는 남자를 잘 만나야 인생이 술술 풀린다는 믿음이 불쑥 튀어나온다.

하지만 만약 처음부터 동화책을 의심하며 읽는다면 어떨까? 세상에 믿을 사람은 하나도 없고, 세상에 내 인생을 책임져 줄 사람이 없다는 것을 처음부터 안다면 조금 더 단단하게 세상과 맞서 볼 수 있지 않을까? 이 책 속에서 소개하는 여러 편의 동화들이 그런 길을 열어 주었으면 한다. 물론 오늘날 이야기되는 성별에 따른 차별과 혐오가 오로지 동화 때문이라는 말은 아니다. 아름다운 그림책도 많고 가슴을 따뜻하게 만드는 이야기도 많다. 다만 많은 일들이 그러하듯 하나의 문제를 바라보는 관점이 다양할수록 해결 방법도 다양하게 나올 수 있다. 어린아이들에게 무차별적으로 읽히고 있는 동화들에 얼마나 위험한 생각들이 아무도 모르게 담겨 있는지 찾아보는 일도 문제를 바라보는 다양한 관점 중 하나가 될 수 있다고 믿는다. 마지막으로 차별, 혐오, 젠더, 페미니즘이 불편하다면 어디서부터 그 불편함이 시작되었는지를 이 책을 통해 엿볼 수 있다면 더욱 좋겠다.

정수임

CONTENTS

'공주' 말고 '나답게' 살아가는
주인공을 찾아서

STORY 2 ────────────────────────────────

'왕자' 말고 '나답게' 살아가는
주인공을 찾아서

십 대를 위한
**동화 속 젠더
이야기** _____

STORY
1

유진이의 편지

———

'공주' 말고 '나답게' 살아가는
주인공을 찾아서

언니, 안녕! 잘 지내고 있어? 나는 요즘도 언니의 무릎을 베고 이야기를 들으며 잠들었던 날들을 떠올리곤 해. 그때를 생각하면 머릿결이 흩날릴 만큼 불던 바람도, 꾸벅꾸벅 졸음을 몰고 오던 따스한 햇살도 기억나. 내가 가장 좋아했던 이야기는 회중시계를 보며 바삐 뛰어가던 토끼와 트럼프 왕국이 나오는 《이상한 나라의 앨리스》였지. 언니는 지겨웠겠지만 나는 그 이야기를 몇 번씩이나 다시 들려 달라고 조르곤 했어. 고집불통 하트 여왕 때문에 앨리스가 죽을 뻔했을 때는 '아! 이제 정말 앨리스가 죽는 거야?' 싶어서 손에 땀까지 났었다니까. 하지만 앨리스가 "고작 종이 카드일 뿐이면서!"라고 외칠 때 여기저기 공중으로 흩어지는 트럼프 카드를 상상하는 일은 정말 즐거웠어.

비록 죽을 뻔하기도 했지만 앨리스가 갔던 이상한 나라는 가고 싶은 곳으로 갈 수 있고 누구하고도 이야기할 수 있고, 하면 안 되는 것과 할 수 없는 일들이 없는 곳이었어. 집에서 늘 듣던 말들이 사라진 곳 같았지. "무슨 여자애가 그렇게 칠칠맞게 뛰어다니니?", "여자애는 핑크색 옷이지.", "조신하게 책이나 읽으면 좀 좋아?"와 같은 말들 말이야.

어릴 적에는 회중시계를 보며 허겁지겁 뛰어가는 토끼를 들판에서 만날지 모른다고 믿었어. 이제 그런 일이 일어날 리 없다는 것쯤은 알아. 하지만 나는 지금도 동화를 읽곤 해. 나무와 풀 대신 글자들로 이루어진 미로를 따라가다 보면 종종 길을 잃고 답을 알 수 없는 질문들을 만나기도 하지. 앨리스의 이상한 나라와 그보다 더 이상한 일들이 책 속에서 불쑥 나와 나를 당황스럽게 만들거든. 그래서 언니에게 편지를 쓰기로 했어. 언니도 혹시 나와 비슷한 생각들을 했는지 혹은 내 생각이 정말 이상한 건지 궁금해서 말이야. 편지를 받는다면 꼭 답장해 주기야! 그럼 지금 읽고 있는 동화를 들려줄게. 기대해!

유진이가

라푼젤
그림 형제

아주 오랜 옛날에 아이가 생기길 간절히 바란 부부가 살고 있었어. 부부에게는 드디어 아이가 생겼지. 그런데 아내는 하필이면 마녀의 정원에 핀 양배추가 먹고 싶다는 거야. 그것을 먹지 못하면 죽을 것만 같다고 남편에게 얘기했어. 아내의 초췌한 모습에 남편은 양배추를 훔치기로 결심했어. 하지만 한 번 맛을 본 아내는 계속 양배추를 먹고 싶다고 했고 남편은 할 수 없이 계속 마녀의 밭에서 양배추를 훔쳤어. 결국 마녀에게 들키고 말았는데 화를 내던 마녀는 양배추를 실컷 먹는 대신 아이가 태어나면 데려가겠다고 했어. 남편은 어쩔 수 없이 그러겠다고 약속했지. 그리고 아이가 태어나자 마녀는 정말로 아이를 데려갔어.

그 아이가 바로 라푼젤이야. 라푼젤은 세상에서 가장 아름다운 소녀로 자랐지만 마녀는 열두 살이 된 라푼젤을 숲속 높다란 탑에 가두어 버려. 그 탑에는 문도, 계단도 없었지. 탑에 올라가려면 "라푼젤, 라푼젤! 머리채를 내려다오."라고 외쳐야 했어. 라푼젤이 길게 내린 머리를 타고 탑에 올라가야 했거든.

어느 날, 한 왕자가 말을 타고 숲을 지나다 높은 탑에서 울리는 아름다운 목소리를 들었어. 하지만 탑 어디에도 입구가 없었지. 성으로 돌아갔지만 왕자는 노랫소리가 잊히지 않았어. 다시 숲속의 탑으로 온 왕자는 마녀가 탑으로 올라가는 장면을 보게 되었지. 마녀가 탑에서 내려와 사라지자 왕자는 마녀가 그랬던 것처럼 "라푼젤, 라푼젤! 머리채를 내려다오."하고 외쳤어. 이윽고 내려온 머리채를 타고 탑 안에 올라간 왕자는 아름다운 노랫소리에 반했다며 라푼젤에게 청혼을 하지. 이후 왕자는 밤마다 라푼젤을 찾았고 라푼젤은 그에게 여기에 올 때마다 비단실 한 타래를 가져다 달라고 부탁해. 그 비단실로 사다리를 만들어 탈출한 뒤 멀리 떠나자고 말이야. 하지만 이 둘의 사랑은 오래가지 못했어. 마녀의 눈을 피해 밤마다 만났지만 마녀에게 들통이 나고 말았거든. 화가 난 마녀는 라푼젤의 머리를 싹둑 잘라 버리고 황무지로 쫓아 버렸어. 아무것도 모르는 왕자는 여느 날처럼 라푼젤을 찾았고 마녀는 창문 고리에 단단히 묶은 라푼젤의 머리채를 내려 주었지. 이후 탑으로 올라왔다가 마녀를 보고 깜짝 놀란 왕자는 탑 아래로 몸을 날렸어.

왕자는 다행히 목숨은 건졌으나 나무 가시에 눈이 찔려 시력을 잃고 말아. 왕자는 숲을 헤매다 라푼젤이 머물고 있는 황무지에 이르게 돼. 그곳에서는 마침 라푼젤이 왕자의 두 아이인 아들딸 쌍둥이를 낳아 힘겹게 살고 있었지. 남루한 차림에 앞도 못 보는 남자가 왕자임을 알게 된 라푼젤은 너무 슬퍼서 눈물을 흘렸는데 그 순간 기적이 일어났어. 라푼젤의 눈물이 왕자의 눈에 닿자 왕자가 다시 볼 수 있게 되었거든. 그 후 왕자는 라푼젤과 함께 자신의 성으로 돌아갔고 두 사람은 결혼식을 올리고 오래도록 행복하게 살았대.

그녀에게 사다리를
가져다줄 수는 없었을까?

언니도 라푼젤 읽어 봤지? 아! 정말이지 나는 라푼젤을 읽다가 답답해서 죽을 뻔!

내게 이 이야기는 이해하기 어려운 것투성이었거든. 우선은 라푼젤의 엄마가 가장 이해가 안 되었어. 아무리 양배추(독일어로 양배추가 '라푼젤'이래.)가 먹고 싶다고 해서 떼쓰듯 남편을 닦달하는 건 어른스럽지 않잖아! 그렇다고 그걸 훔쳐오는 아빠도 이해하기 힘들었고 말이야. 그런데 더 용납할 수 없었던 것은 자신들이 벌을 받기 싫다고 어린아이를 마녀에게 넘겼다는 거야! 왜? 아빠와 엄마가 마녀의 것을 훔쳐 먹었는데 왜 아이가 책임을 져야 하는 거야? 아이가 뭐 물건이야? 그리고 이 이야기에서 엄마와 아빠는 싹 사라지고 말아. 뭐 물론 이야기의 전개상 퇴장한 거겠지만 부모라면 라푼젤을 구하러 가야하는 거 아닐까? 아니, 최소한 자신의 아이가 어떻게 살고 있는지 궁금해야 하는 거 아니냐고!

내가 조금 흥분했지? ㅋㅋ 사실 요즘 내가 툭하면 이런 식으로 이야기하니까, 집에서는 매일 나보고 배배 꼬였다고 잔소리만 하셔. 그래서 언니에게 편지를 써야겠다는 생각을 했는지도 몰라. 언니라면 나에게 잔소리 대신 내가 좀 더 이야기할 수 있게 해줄 것 같았거든. 그러니까 내 이야기를 잘 들어 줘. 부탁이야~. 이제 다시 라푼젤 얘기로 돌아가 볼게.

언니도 알다시피 마녀는 라푼젤을(이름이 라푼젤이 뭐야? 양배추라니?!?) 높은 탑 안에 가둬서 길러. 당연히 라푼젤은 친구도 없고, 세상이 얼마나 넓은지도 알 수 없지. 그냥 높은 탑 안에서 보이는 바깥이 세상의 전부라고 생각했을 거야. 그리고 엄마인 줄 아는 마녀의 말처럼, 바깥 세상은 위험한 일투성이라고 철석같이 믿었을지도 몰라. 최소한 어릴 때는 말이야. 하지만 생각해 봐. 라푼젤은 매일 탑 밖으로 나가는 엄마를 보며 '왜 나는 나갈 수 없지?', '왜 나는 나가면 안 되는 거지?'라는 생각을 하지 않았을까?

아마 나라면 밖은 위험한 일투성이라는 엄마의 말을 점점 믿을 수 없었을 것 같아. 정말 위험하다면 엄마도 잠깐씩 탑으로 올라올 게 아니라 자신과 함께 살았어야 했을 테니 말이지. 더구나 엄마는 낮에만 오잖아! 깊은 산속에 우뚝 선 탑에서 혼자 얼마나 무서웠겠어! 뭐, 그 덕분에 왕자님을 만날 수 있었지만 말이야.

그런데 언니, 나는 왕자님이 나오는 대목을 읽으면서 '이 왕자님이 정말 라푼젤을 사랑했던 걸까?' 하는 의심이 들었어. '또, 또!' 내가 이런 말을 하면 늘 주변에서 하는 소리야! '또, 또! 그런다!' 동화를 그냥 읽지 못하고 딴지를 건다고 말이야.

하지만 언니만큼은 그런 말을 안 했으면 좋겠어. 나는 진지하거든. 나는 아직 결혼도 안 했고 앞으로 많은 사람들을 만날 텐데, 이런 왕자님을 만날 생각은 전혀 없단 말이지. 이 왕자님이 왜 별로였냐고?

음, 이 왕자님은 라푼젤의 노랫소리에 반해서 숲속의 깊은 탑까지 왔대. 근데 언니는 그 말이 믿어져? 만약 언니가 왕자님이었다면 숲속에서 들리는 알 수 없는 노랫소리에 아름다움을 느꼈을까, 두려움을 느꼈을까? 만약 나라면 그 노랫소리가 무척 무서웠을 것 같아. 더구나 오랫동안 숲속에 솟아 있던 탑 안에서라니! 내가 왕자였다면 아주 오랫동안 그 탑을 지켜보며 '도대체 저 소리는 뭐지? 안에는 뭐가 있을까?'하며 두려워했을 거야. 왜 그리스 신화에도 있잖아? 사이렌의 아름다운 노랫소리에 뱃사람들이 유혹당해 난파되는 이야기들 말이야. 하지만 두려운 동시에 꼭 들어가 보고 싶었을 것도 같아. "저 노랫소리를 따라가면 어떻게 될까?"하면서 말이야. 만약 적이라면 물리쳐야 하는 것이고 혹시 보물이라면 가져와야 하는 것일 테니 말이야.

하지만 무엇보다 이해가 안 되는 건 말이야. 왜 왕자가 라푼젤을 구하지 않았냐는 거야! 왕자가 아름다운 노래에 끌려 라푼젤의 머리채를 타고 탑 안으로 들어왔다고 믿어 보자고. (라푼젤은 머리가 얼마나 아팠을까? 나는 그냥 묶기만 해도 아픈데. 윽, 상상하기도 싫어!) 그리고 라푼젤에게 반했다고 해. 그러면 왜! 사다리를 들고 구하러 오지 않은 거지? (명색이 왕자이면서) 더구나 마녀의 목소리를 흉내 내서 허락도 없이 탑 안으로 들어오는 방법은 무단침입이라고. 왕자면 막 그렇게 해도 되는 걸까? 게다가 탑에서 쫓겨난 라푼젤은 아들딸 쌍둥이를 낳아서 혼자서 길렀잖아. 무려 7년 동안이나.

언니, 나는 라푼젤을 읽으면서 이 왕자가 참 비겁하다고 생각했어. 도대체 매일 밤 탑에 몰래 올라와서는 무슨 일을 했던 걸까? 왜 라푼젤의 머리채만 사다리 삼아 올라오고 그녀가 어려움에 처했을 때는 구하러 오지 않았느냐 말이지. 너무 이기적인 거 아니야? 나중에 마녀가 왕자를 탑에서 밀어 왕자의 눈이 멀게 되는 일, 그리고 라푼젤의 눈물로 다시 시력을 찾게 되는 일, 라푼젤이 왕비가 되는 일은 별로 궁금하지 않았어. 뭐 왕비가 되면 지난 일은 다 용서되는 거야? 흥!

사람들은 내가 이런 이야기를 하면 《이상한 나라의 앨리스》만 읽더니 나도 이상해졌다고들 해. 왜 남들처럼 동화를 읽지 못하느냐고. 근데 언니, 그거 알아? 내가 읽은 이상한 나라보다 동화 속 세상이 더 이상한 거 말이야. 나는 차라리 하트 여왕이랑 크로켓을 치는 게 덜 이상할 것 같다구.

아무도 궁금해하지 않는
라푼젤의 인생 목표

유진아, 안녕. 네 편지를 받고 늘 재밌는 이야기를 해달라고 조르던 네 모습이 떠올라 빙긋 웃었어. 솔직히 말하면 귀찮을 때도 많았는데 네가 동그란 눈으로 나를 바라보면 거절할 수 없었거든. 네가 자꾸 '그 다음엔 어떻게 돼?'하고 물어보는 바람에 나도 동화책을 다시 꺼내 본 적도 많아.

아마 앞으로 너와 나눌 이야기 중 일부는 나도 예전에 궁금했던 부분일 것 같아. 또 일부는 전혀 생각지도 못한 이야기들일 것 같고. 너와 책에 대해 이야기를 나누다니, 유진이 네가 드디어 새로운 세상을 제대로 찾은 것 같구나. 후후.

너도 알다시피, 나는 드디어 엄마가 되었어! 네가 책을 통해 세상을 알아가는 것처럼 나는 이제 생활을 통해 세상과 맞서고 있는 셈이야. 왜 세상과 맞서냐고? 육아와 살림이라는 이 두 가지 일이 마음대로 안 되어서 속상하기도 하고 어딘가 잘못된 것 같은데 이유를 몰라서 답답하기도 하거든! 그래서 나는 요즘 도대체 왜 그런 건가를 자꾸 생각하게 돼. 우연인지, 기적인지 바로 이럴 때 너에게서 편지가 온 거야! 게다가 생각지도 못한 고민까지!

나는 네 덕분에 아주 오래전에 읽은 동화 속 주인공을 다시 생각해 보았어. 동화를 읽으면서 내가 마음에 걸렸지만 무심코 지나친 일들도 이번에 다시 의심해 보았지. 물론 너의 질문에 어떻게 답하면 좋을지 고민하면서 말이야.

네가 읽었다는 라푼젤은 형 야콥 루드비히 칼 그림과 동생 빌헬름 칼 그림이 떠돌던 이야기를 모아서 정리한 것 중 하나야. 흔히들 '그림 형제'라고 부르는 이들의 이야기지. 쉽게 말하자면 '옛날 옛날, 아주 먼 옛날에'로 시작하는 이야기들이야. 그렇게 사람들의 입에서 입으로 전해 오던 것을 그림 형제가 정리해 책으로 만들었는데 처음 그 이야기들은 매우 잔인했다고 해. 하지만 우리는 네가 읽은 동화 이야기들을 중심으로 얘기를 풀어 가보자.

누군가의 소유물이 된 인간들

우선, 라푼젤의 부모가 마녀에게 아이를 보내 버리는 것에 대해 생각해 볼까? 사실 아주 먼 옛날에는 아이를 버리는 일이 그리 놀랄 일이 아니었어. 헨젤과 그레텔에도 아빠와 새엄마가 가난하다는 이유로 아이들을 버리러 숲으로 가잖아? 그런 것처럼 예전에는 아이들을 부모의 소유물로 여겼고 가난하다는 이유로 실제로 버려지는 아이들이 많았단다.

산업 혁명 시기의 어린이 노동자

오늘날처럼 아동의 인권을 말하게 되기까지는 그리 역사가 길지 않아. 18세기 영국에서 산업 혁명이 일어났을 때는 5~6세 아이들이 체구가 작다는 이유로 위험하고 해로운 굴뚝 청소를 하거나 광산에서 일하기도 했어.

산업 혁명 이전에는 작은 공동체 안에서 아이들이 노동을 했다면 산업화 이후 아이들은 공장에서 착취당했어. 여자들과 함께 아이들의 노동력은 값쌌고 다루기도 쉬웠거든. 1959년 11월 20일에 이르러서야 UN총회에서 어린이의 인권을 옹호하는 선언문이 채택되었으니, 역사 속 대부분의 시기는 아동에겐 참 어둡고 험난한 시절이었던 셈이야. 사정이 이렇다 보니 당연히 동화에서 아이들의 인권이란 찾아보기 어려울 수밖에.

그리고 네가 말한 왕자 말이야. 너의 말을 들으니 나도 정말 왕자에 대한 환상이 와르르 깨지고 말더라고! 세상에 이렇게 비겁한 왕자가 있을까. '왜 나도 진작 그 생각을 하지 못했을까?' 싶었어. 정말 사랑했다면 탑에 갇힌 라푼젤을 구하러 사다리를 들고 나타났어야지. 하지만 그 이유가 그가 왕자였기 때문은 아닌 것 같아. 왕자가 사다리를 가지고 왔어야 하는 이유는 바로 그가 사랑에 빠진 사람이기 때문이야. 그런 측면에서 네 편지 속에 '명색이 왕자'라고 적은 표현은 여러

모로 생각해 볼 필요가 있어. '왕자는 어떠어떠해야 한다'는 생각은 곧 '공주는', '여자는' 어떠어떠해야 한다는 편견과 그리 다르지 않거든.

마녀가 화형당하기 십상이던 시절, 왕자에게 마녀 엄마를 둔 라푼 젤은 참 부담스러운 존재였을 거야. 마녀의 딸을 아내로 삼으려는 왕 자라니! 어쩌면 왕자가 라푼젤을 구하는 건 자기 목숨조차도 내놓아 야 하는 일이었을지도 몰라.

> 공주가 왕자를 만나야 행복해진다는 당연한 생각들을 의심해

한편으로 왕자는 성에 살고 있는 라푼젤과 결혼해 새로운 삶을 꿈 꾸었을지도 모르지. 과거 유럽의 역사를 보면 지금과 달리 매우 작 은 지역도 성주(혹은 영주)라 불리는 이들이 있었거든. 만약 그가 라푼 젤과의 결혼이 자신을 왕으로 만들어 줄 기회라고 여겼다면 어땠을 까?(혹은 라푼젤을 없애고 그 성을 차지하려 했다면?)

'Let it go, Let it go~.'란 노래 가사로 유명한 애니메이션 '겨울 왕국'에는 멀리서 배를 타고 온 한스 왕자가 나와. 성 안에서만 지내 던 안나 공주에게 결혼하자고 재촉하던 왕자 있잖아! 마법에 걸린 엘 사 공주가 동생 안나와 사람들에게 피해를 주지 않으려고 멀리 도망 쳤을 때 한스는 안나와 결혼해 왕국을 차지하려고 해. 왜냐고? 한스 왕자는 형들이 많아서 자기 나라의 왕은 될 수 없었거든.

이처럼 과거의 왕국이라는 것은 우리의 상상과 달리 매우 작은 경

우도 많았고 왕자들도 많았지. 그러다 보니, 왕이 되려면 새로운 곳을 개척하거나 공주와 결혼해야만 했어. 그러니까 네 말처럼 왕자가 그저 라푼젤의 노랫소리에만 반했다고 보기 어려운 건 충분히 가능한 이야기야.

유진아, 너의 편지를 읽으며 언니는 처음으로 바로 이런 동화들이 많은 사람들의 생각을 '정형화'한 건 아닌가 하는 생각이 들었어.

공주는 위험에 처했을 때 자신을 구해 줄 왕자를 기다리는 일이 당연한 것처럼, 왕자는 공주를 아내로 삼고 공주의 왕국을 자신의 것으로 차지하는 일이 당연한 것처럼 우리가 받아들이게 만든 거지. 바로 이런 이야기들이 19세기 유럽 남성들 대부분이 여성을 당연히 자신의 소유물로 여기고, 여성 또한 아버지와 남편에게 속해지는 걸 당연하다고 여기게 만든 바탕이 되지 않았나 싶어.

더구나 왕자의 아이(그것도 쌍둥이를!)를 낳아서 기르던 라푼젤이 두말없이 왕자와 성으로 들어가는 장면에선 한숨이 다 나오더라. 눈물 몇 방울로 눈이 먼 왕자를 다시 볼 수 있게 한 라푼젤은 어쩌면 정말 신기한 능력을 지닌 마녀였을지도 몰라. 하지만 그녀가 마녀인지 공주인지와는 아무 상관없이 그녀는 왕자의 뒤를 이을 새로운 왕자들과 함께 성으로 들어가 버리고 말지.

이런 장면을 보면 여전히 왕이 되는 남성이 주인공이 되는 결말이잖아! 만약 내가 라푼젤이었다면 왕자의 아내가 되어 다시 성에 살고 싶지는 않을 것 같아. 왕자에게 자신과 함께 자유롭게 살 것을 제안했

"라푼젤 스스로 탑 밖으로 나갔다면 어떤 일이 벌어졌을까?"

을지도 모르지. 더 이상 성도 탑도 아닌 곳에서 살자고 말이야.

그런데 유진아, 왜 이야기 속 공주나 여자 주인공들은 하나같이 왕자와 함께 성으로 들어가 행복하게 오래오래 살았다고 하는 걸까? 마치 모든 여자 주인공들이 왕자와 함께 성에 들어가기만 하면 행복해지는 것처럼 말이지.

혹시 여자들 스스로도 왕자를 만나야 행복해질 수 있다고 믿는 것 아닐까? 그리고 성 안에서 그녀들이 어떻게 살았는지에 대해서는 왜 이야기하지 않는 걸까? 그 안에 들어가기만 하면 그녀들은 정말 행복해지는 걸까?

유진아, 너는 어떻게 생각해? 나는 너의 동화 이야기를 들으며 그동안 당연하게 여긴 이야기들을 조금씩 의심해 보려고 해. 그러니까 망설이지 말고 편지를 써주렴. 네 편지가 매일 기다려질 것만 같아.

---

p.s.
세상을 이해하기 위해 우리가 알아야 할 정형화

이 말은 소년이나 소녀, 남성이나 여성, 어른이나 아이 등이 해야 할 일과 규범이 정해져 있다는 생각을 의미해. "당연한 걸 왜 자꾸 물어?"가 바탕에 깔려 있는 생각들이라고 할 수 있지. 하지만 정말 세

상에 당연한 것이 있을까? 왕자의 도움 없이 라푼젤이 긴 머리를 싹
둑 잘라 스스로 문고리에 머리채를 묶고 내려와 나가는 이야기였다
면 사람들은 공주와 왕자에 대해 어떤 생각을 품게 되었을까? 어쩌
면 당연하다고 여긴 생각이나 믿음은 오랜 시간에 걸쳐 쌓아 온 이야
기들의 영향 때문이 아니었을까?

빨간 모자

그림 형제

옛날 옛적에 누구든 한 번 보면 사랑하지 않을 수 없는 귀여운 소녀가 살았어. 소녀의 할머니는 소녀에게 빨간색 벨벳 모자를 선물해 주었어. 소녀가 할머니에게 받은 모자만 쓰고 다녀서 사람들은 소녀를 '빨간 모자'라고 불렀어.

어느 날 소녀의 엄마는 "숲에 들어가서는 딴 데로 새지 말고 얌전히 길만 따라가."라고 당부하며 숲에 사는 할머니에게 케이크와 포도주를 전하고 오라는 심부름을 소녀에게 시켰어.

소녀는 알겠다고 대답했지만 숲속이 얼마나 위험한 곳인지 사실 알지 못했어. 그래서 숲에 들어가자마자 만난 늑대도 전혀 무서워하지 않았지. 오히려 늑대가 "빨간 모자야, 안녕?" 하자 "안녕하세요. 늑대 아저씨!"하고 대꾸할 정도였어. 소녀가 길만 따라 걷자, 늑대는 숲속이 얼마나 아름다운지를 얘기해 주었고 소녀는 늑대의 말에 숲으로 들어갔지. 꽃다발을 갖다 드리면 할머니의 얼굴도 꽃처럼 활짝 피어날 것 같다고 생각했거든. 소녀는 시간이 흐르는 것도 잊고 꽃을 꺾었어. 늑대가 사라진 것도 모른 채 말이야. 그 사이 늑대는 할머니를 잡아먹고 소녀가 도착하자 소녀도 잡아먹었어.

하지만 아직 이야기가 끝난 게 아니야. 할머니와 소녀를 잡아먹고 배가 불러 잠이 든 늑대를 지나가던 사냥꾼이 발견했거든. 사냥꾼은 늑대를 총으로 쏘아 죽이려다 문득 할머니를 잡아먹었을지도 모른다고 생각했어. 사냥꾼은 불룩 튀어나온 늑대의 배를 가위로 갈랐어. 몇 번 자르니 소녀와 할머니가 배 속에서 나왔고 둘은 늑대의 배에 돌을 가득 넣고 꿰맸지. 잠에서 깬 늑대는 달아나려고 했지만 몸이 너무 무거워 고꾸라져 죽었어.

하지만 늑대는 사라지지 않았어. 또 다른 늑대가 여전히 숲에 살았거든. 시간이 흐른 뒤 빨간 모자는 할머니의 집에 가다 늑대를 다시 만났지. 예전처럼 늑대가 꾀어내려고 했지만 빨간 모자는 숲으로 들어가지도 늑대의 말에 속지도 않았어. 곧장 할머니의 집에 도착한 빨간 모자는 오는 길에 만난 늑대의 눈빛이 음흉했다고 이야기하지.

아니나 다를까, 늑대는 소녀를 따라왔어. 늑대는 할머니의 집 지붕에 올라가 소녀가 집으로 돌아갈 때 컴컴한 숲속에서 잡아먹을 계획을 세워.

하지만 할머니는 늑대의 속셈을 꿰뚫고 있었지. 집 앞에 돌로 된 커다란 구유가 있다는 걸 떠올린 할머니는 "빨간 모자야, 들통을 가져오렴. 할미가 어제 소시지를 삶은 물이 있는데 그걸 들통에 담아저 구유에다 부으려무나."라고 하셨어.

빨간 모자가 커다란 구유에 소시지를 삶은 물을 가득 채우자 소시지 냄새가 솔솔 피어올랐어. 늑대는 킁킁거리며 밑을 내려다보다 그만 삐끗하고 미끄러져 커다란 구유에 풍덩 빠져 죽었어. 빨간 모자는 무사히 집으로 돌아왔고 그 후로는 아무도 빨간 모자를 해치지 못했지.

힘을 합쳤을 때
일어나는 일

　언니, 기억나? 내가 어릴 때 틈만 나면 숲에 가자고 졸랐던 거. 지금 생각해 보면 숲이라고 부르기에도 우스운 아파트 뒷산이었어. 내가 숲에 가자고 할 때마다 엄마랑 언니는 이해가 안 된다는 표정이었지. 아마도 나는 그곳이 꼭 다른 세계 같다고 생각했던 것 같아. 산에서 풀을 헤집기도 하고 작은 꽃들을 찾다 보면 내가 꼭 다른 세계의 주인공이 된 기분이 들었거든. 바람이 나무와 나무 사이를 지나며 쉬익, 차르르 소리를 낼 때마다 내 곁에 바람이 와 말을 건다는 생각도 들었고. 숲에 오면 더 크게 들리는 새소리와 물소리에 마치 숲속을 모험하는 탐험가가 된 것 같았어. 그때 나는 엄마나 언니는 모르는 요정들과도 이야기를 나눌 수 있다고 믿었어. 그러니까 숲은 내게 신기한 일들이 일어나는 동화 속 세계와도 같았어.

　그런데 언니, 나는 더 이상 숲에 대한 이런 환상을 믿지 못하게 된 것 같아. 왜냐고? 얼마 전에 친구들이랑 산에 갔다가 잠깐 혼자 걷게 되었는데 그때의 숲은 더 이상 내가 예전에 좋아하던 그곳이 아니더라고. 숲은 일상생활에서 들을 수 없는 소리와 볼 수 없는 것이 가득

해서 좋았는데 바로 그 점 때문에 두렵기도 하다는 걸 알게 됐어.

내가 너무 뒤처지는 바람에 잠시 혼자 걷는 동안, 아무도 없는 길에서 바스락 소리만 나도 깜짝 놀라 "으앗!"을 몇 번이나 외쳤는지 몰라. 금방 친구들을 다시 만났기 망정이지, 이젠 숲에 혼자 못 갈 것 같아. 그렇게 놀란 가슴으로 집에 와 책장을 보는데 숲속을 혼자 걷는 '빨간 모자'가 보이는 거야. 그래서 이번에는 그림 형제의 《빨간 모자》를 읽고 언니에게 편지를 써.(예전에 빨간 모자를 흉내 내면서 빨간 보자기를 쓰고 산에도 갔었는데. 헤헷.)

언니, 나는 이번에 《빨간 모자》를 다시 읽으면서 내 기억이 잘못되었다는 걸 알게 되었어. 내 기억은 늑대에게 먹힌 할머니와 빨간 모자를 사냥꾼이 구해 주면서 끝이 났거든. 근데 그 뒤의 이야기가 더 있더라고. 아마 이번이 아니었다면 나는 할머니와 소녀가 그 후 어떻게 되었을지 관심도 없었을 거야. 그냥 무턱대고 늑대가 사라졌으니 할머니와 소녀가 안전해졌다고 생각했겠지. 그 후로는 소녀가 아닌 어른들이 할머니 집에 들리거나 아예 할머니가 마을로 들어와 살았을 거라고 생각했을 거야.

그런데 이야기에는 새로운 늑대가 등장해. 아마 소녀는 늑대에게 잡아먹혔다가 구출된 후에도 계속 숲에 사는 할머니를 찾아갔던 모양이야. (아마 나라면 겁이 나서 못 갔을 텐데.) 그리고 또 다른 늑대를 만난 거지. 늑대는 똑같이 소녀를 꾀려고 했지만 소녀는 속지 않았어. 오히려 발걸음을 재촉해서 할머니 집에 갔으니까. 그리고 할머니에게 이 사실을 말해. 그러고 나서 소녀와 할머니는 힘을 합쳐 늑대를 물리쳐. 사냥꾼의 도움 없이도 말이야! 정말 멋지지 않아? 동화책 속에 단골처럼 나오는 도움을 주는 남자도 없이 할머니와 소녀가 스스로 문제를 해결했다는 게 말이야! (《빨간 모자》는 내가 가장 좋아하는 이야기책이 될지도 몰라.)

그리고 그 숲속 말이야. 생각해 보니 언니와 엄마도 내가 숲에 가려고 하면 늘 "혼자 가면 안 돼!", "조심해야지.", "아무거나 만지면 안 돼!"하고 경고했어. 아마도 숲에는 내가 모르는 위험이 가득하기 때문이겠지. 물론 나는 엄마의 경고를 쉽게 잊고 아무거나 만지고 길이 아닌 곳으로 들어가 엄마와 언니의 속을 썩였지만.

근데 숲이 아닌 다른 곳은 안전할까? 엄마는 여전히 내게 "혼자서 어두운 길은 다니지 마라", "아무하고나 말하지 마라.", "일찍일찍 다녀라" 등등 끝없이 내가 하면 안 되는 것들에 대해 이야기하거든. 그러니까 숲이든 어디든 세상은 여전히 위험한 곳인 거야! 그치?

그런데 언니, 세상이 위험하면 나보고 조심하라고 하는 게 아니라 세상을 좀 더 안전하게 만들어야 하는 거 아니야? 《빨간 모자》를 읽으며 웬 세상 타령이냐고 할지 모르지만, 나는 숲속이 위험하면 엄마가 소녀에게 길만 따라 걸으라고 할 게 아니라 늑대를 잡든지, 다른 안전한 길을 만들든지 해야 한다고 생각해.

하지만 소녀의 엄마는 숲속의 길만 따라 얌전히 걸으라고만 할 뿐이야. 숲이 얼마나 아름다운 곳인지, 또 동시에 얼마나 위험한 곳인지 소녀에게 알려 주었다면, 꽃에 마음을 빼앗기면 안 된다는 걸 소녀가 알았다면 어땠을까? 어쩌면 처음부터 늑대의 꼬임에 넘어가지 않았을 수도 있지 않았을까? 그렇다면 내가 지금 미리 알아야 할 것은 뭘까? 어른들이 늘 말하는 것들만 조심하면 과연 안전할 수 있을까?

늑대를 두려워하지 않고
숲속을 걸을 수 있는 날을 기다리며

안녕, 유진! 숲에서 혼자 걷다니, 잘못해서 길을 잃으면 어쩌려고! 그래도 금방 친구들을 만났다고 하니 다행이다. 언니는 요즘 집-마트-집만 다니고 있어. 그래서인지 예전에는 그렇게 싫던 산에도 가고 싶고, 넓은 들판에 아무 생각 없이 누워 하늘을 바라보고 싶기도 해. 예전에 네가 빨간 보자기를 두르고 산에 갔던 일도 생각나. 언니가 늑대 역할을 하며 너를 놀라게 했던 일도 떠올라.

네 말대로 빨간 모자 이야기에는 할머니와 소녀를 잡아먹는 늑대 말고 또 다른 늑대가 나와. 하지만 빨간 모자 이야기 역시 구전되던

샤를 페로

것을 기록한 것이기 때문에 작가에 따라 조금씩 결말이 달라. 네가 읽은 그림 형제의 빨간 모자는 프랑스의 동화 작가 샤를 페로가 쓴 《페로 동화집》에 실린 빨간 모자보다 나중에 기록된 것이야. 페로의 동화집에서는 소녀가 늑대에게 잡아먹히는 것으로 끝나는데 1812년의 초판에서는 늑대가 아

닌 늑대인간에게 성폭행을 당하는 이야기였대. 아마 페로는 모르는 사람과 함부로 이야기를 나누면 안 된다는 교훈을 주려고 했겠지. 하지만 구전되던 이야기가 기록되고, 재생산되는 과정에서 폭력이 어린이들에게 해롭다고 생각해서 이야기의 상황과 결말도 조금씩 수정돼. 그림 형제의 《빨간 모자》 역시도 마찬가지고 말이야.

1927년 출간된 동화집에 그려진 빨간 모자

　우리는 대개 유년기에 동화를 읽다 보니 어린이용 판본으로 읽게 되어 이야기가 생략되거나 원전과는 사뭇 다른 이야기로 기억되는 동화들이 많아. 《빨간 모자》 역시 마찬가지야. 아마 또 다른 늑대 이야기는 기억하지 못하는 사람들이 더 많을 거야. 정말 중요한 부분은 사냥꾼의 도움으로 늑대의 배에서 탈출하는 이야기가 아니라 할머니와 소녀가 힘을 합쳐 늑대를 물리치는 마지막 부분이었을지도 모르는데 말이야.

이 이야기에 나오는 사냥꾼, 할머니, 빨간 모자는 모두 용감하고 지혜로운 사람이야. 만약 사냥꾼이 늑대의 배를 보고 의심하지 않았다면 어땠을까? 아마도 할머니와 소녀는 모두 늑대와 함께 총에 맞아서 죽었겠지. 또 사냥꾼 덕분에 살아난 소녀가 숲을 계속 피했다면 어땠을까? 또 다른 늑대는 만나지 않았겠지만 마음껏 다닐 자유를 잃었을 거야. 하지만 소녀는 매우 용감한 아이였어. 겁이 난다고 피하지 않고 비슷한 일을 겪을 때는 과거의 실수를 반복하지 않았으니까. 또 늑대를 물리친 할머니의 지혜도 빼놓을 수 없어!

그런데 유진아, 언니는 이 이야기를 다시 읽으며 이런 생각이 들었어. 페로의 동화처럼 세상에 있는 낯선 사람들, 아니 친밀한 사람들마저도 무시무시한 사람으로 변할지 모른다는 생각 말이지. 엄마가 네게 일찍 들어오고, 어두운 밤길을 다니지 말라고 하는 것도 아마 같은 이유이지 않을까? 특히 너와 같이 어린 소녀들에게는 더욱더 말이야.

물론 네 말처럼 너보고 조심하라고 말하는 대신 위험하지 않은 세상을 만들어야 해. 그런데 그것이 참 더디고 쉽지 않은 일 같아. 그래서 다들 네게 조심할 것을 당부하지. 마치 빨간 모자의 엄마처럼 말이야. 어쩌면 늑대에 잡아먹힌 빨간 모자를 향해 사람들은 "아이고, 그럴 줄 알았어. 그러니까 길이 아닌 곳으로 왜 간 거야?"라고 비난할지도 몰라. 위험을 그대로 방치한 자신들의 잘못은 나 몰라라 한 채

말이지. 그래도 아직 세상엔 사냥꾼처럼 위험에 처한 사람을 보고 모른 척하지 않고 용기를 내는 사람이 있고 할머니처럼 위험에 지혜를 발휘하는 사람도 있어. 또 빨간 모자처럼 용기를 잃지 않고 자신의 삶을 살아가는 사람들도 있지. 어떤 사람이 되어 살아갈지는 자신의 선택에 달렸어.

그래서일까? 언니는 이 이야기를 읽으며 우리 사회를 달구고 있는 #me, too, #with you, #I believe you와 같은 손길이 바로 빨간 모자와 사냥꾼, 할머니와 같은 존재가 아닌가 싶었어. 아무리 노력해도 세상이 바뀌지 않는 게 아니라, 그동안 문제를 들추고 함께 해결하려는 사람들이 부족했던 건 아닌가 하는 생각도 들었지.

문제는 성폭력을 당한 사람에게 있는 것이 아니라, 이 정도는 괜찮다고 생각했던 수많은 관행들과 통념들에 있는 거니까. 그리고 바로 이런 생각들은 가해자 개인이 아니라 그 사회를 이루는 수많은 사람들의 생각을 바탕으로 하고 있으니 말이지. 어쩌면 우리 생각보다 훨씬 성폭력이 만연할 수 있었던 건 바로 우리의 무관심 혹은 방관 때문일지도 몰라. 그러니까 피해자나 가해자가 아니더라도 모든 사람들이 성폭력과 무관하지 않은 거지.

성 범죄에 대한 은유이기도 한 동화

빨간 모자 이야기를 하다가 웬 성폭력 문제냐고? 그건 아까도 말했듯이 빨간 모자 이야기가 성폭력에 대한 은유로도 볼 수 있기 때문이야. 늑대 입장에서야 억울하기 그지없겠지만 빨간 모자에 나오는 늑대를 단순히 동물이 아닌 빨간 모자를 겁탈하려는 누군가로 생각한다면 말이지. 어쩌면 너는 네 주변에는 이런 일을 겪는 사람들이 별로 없다고 이야기할지도 몰라. 혹은 언니가 너무 예민한 거라고 말할지도 모르지. 만약 네가 이런 생각을 했다면 너는 매우 운 좋게도 안전한 곳에서 보호받으면서 지내고 있다는 뜻이야.

우리나라에서는 2007년부터 3년마다 한 번씩 성폭력 실태조사를 해. 2016년에 발표한 성폭력 실태조사에 따르면 10명 중 1명이 성추행을 경험한 적이 있고 여성의 21.3%는 신체 폭력이 동반된 성폭행을 경험한 적이 있다고 발표했어. 그러니까 네가 생각하는 것보다 훨씬 더 다양하고 많은 곳에서 폭행은 일어나고 있는 거야. 2017년 한국 여성의 전화가 발표한 자료에 따르면 남편이나 애인에 의해 살해당한 여성이 최소 85명, 살인미수로 살아남은 여성은 103명이었어. 그것도 언론에 보도된 것만 말이야! 그러니까 세상엔 빨간 모자 속 늑대처럼 음흉한 속을 숨긴 채 주변을 맴도는 사람들이 있고, 빨간 모자 소녀처럼 어려움을 겪는 사람들도 많아.

다행인 것은 사냥꾼처럼 늑대에게서 소녀가 탈출할 수 있도록 돕는 이들이 있다는 거야. 특히 SNS에서 해시태그 되는 #with you는 우리 일상에서 일어날 수 있는 성희롱과 성폭력을 막을 강력한 방법이야. 그것은 인터넷 공간을 넘어 학교와 가정, 직장, 공공장소 등에서 끊임없이 이어져야 해.

누군가 모르는 척하지 않을 때 우리 사회에 만연한 '이 정도는 뭐.', '원래 그래.' 같은 생각도 점점 사라지겠지. 또 할머니와 빨간 모자가 힘을 합쳐 늑대를 물리친 것처럼 우리 또한 성폭행을 막고 또 다른 피해자들이 생겨나지 않도록 힘을 모아야 해. 힘을 모았을 때 아무도 소녀를 건드릴 수 없게 된 것 같은 변화가 일어날 거야. 숲속을 혼자 걸어도, 숲속 같은 세상을 혼자 걸어도 되는 변화 말이야! 그러니까 우리도 이 변화를 이끌도록 함께하자!

p.s.
세상을 이해하기 위해 우리가 알아야 할
 # me. too # with you # I believe you

2006년 미국의 여성 사회 운동가 타라나 버크는 성폭력에 취약한 여성에 대한 관심과 연대를 강조하며 'me, too' 캠페인을 벌였어. 하지만 당시에 크게 주목받지는 못했지. 그런데 2017년 10월 〈뉴욕타임즈〉가 할리우드의 거물이자 영화 제작자인 하비 와인스틴 스캔들을 보도해. 가수이자 배우인 알리사 밀라노는 '성희롱이나 성추행을 당한 여성이라면 'me, too'라는 댓글을 달아 달라'는 메시지를 트위터와 페이스북에 올려. 그녀의 글을 안젤리나 졸리, 기네스 펠트로 등이 참여하면서 24시간 만에 50만 건이 넘는 리트윗이, 페이스북에는 1200만 건이 넘는 공유와 댓글이 달렸어. 그 이후 '나 역시 피해자였다'라는 의미의 해시태그 #me,too가 대중화되었어. 우리나라에는 2017년 1월, 창원지검 통영지청 서지현 검사가 검찰 내부 통신망 이프로스에 8년 전 당한 성추행에 대한 글을 올렸고 JTBC에 출연해 성추행을 덮으려는 검찰 내 조직 문화를 이야기하면서 미투 운동이 촉발되었지. 서검사의 고백 이후 그동안 말하지 못한 피해 여성들의 고백, 고발, 고소가 이어졌어.

#with you는 미투 운동에 공감과 지지를 뜻하는 용어야. 하지만 미투로 인한 폭로로 피해 여성들이 2차 피해를 입는 경우가 많아. 피해자들은 가해자들에 비해 경제적, 사회적으로 훨씬 약자인 경우가 많지. 그래서 사람들은 피해자가 어떤 대가를 바랐다는 식으로 매도하거나 지나치게 예민하게 반응한다는 식으로 사건을 축소하려고도 해. 그래서 등장한 것은 #I believe you로 피해를 호소하는 사람들을 지지한다는 움직임이야. 왜냐하면 피해자들의 말을 믿지 않는 사회이니까! 2009년에는 단역 배우였던 자매가 사망한 사건이 있었는데 보조 출연자였던 언니는 12명에게 성폭행을 당했다고 알려졌어. 언니는 심한 우울과 불안을 겪다가 자살을 택했어. 동생 역시 언니에게 보조 출연자 아르바이트를 소개한 죄책감에 옥상에서 몸을 던졌고 말이야. 이러한 비극이 일어난 이유가 그녀의 목소리에 귀기울여 준 사람은 없었기 때문이고 그래서 #I believe you가 필요한 거야.

백설 공주
그림 형제

하얀 눈이 내리던 날이었지. 한 왕비가 검은 나무 창틀 앞에서 바느질을 하다 손가락을 찔렸어. 그 때문에 왕비의 손가락에서 붉은 피세 방울이 하얀 눈 위로 떨어졌어. 왕비는 그 모습을 보며 '눈처럼 하얀 피부에 피처럼 붉은 입술, 검은 머리결을 가진 아이가 있으면 얼마나 좋을까'하는 생각을 했는데 얼마 뒤 신기하게도 왕비의 바람을 꼭 담은 딸이 태어났어. 그 아이의 이름이 바로 '백설 공주'야. 공주를 낳고 얼마 뒤 왕비가 세상을 떠나자 왕은 곧 새 왕비를 맞이해. 새 왕비는 아름다웠지만 자존심이 셌고 자기보다 예쁜 여자는 세상에 있을 수 없다고 생각했어. 왕비는 늘 진실만을 말한다는 마법 거울에 "거울아, 거울아. 이 나라에서 누가 제일 아름답지?"하고 물었고 그러면 거울은 "이 나라에서 제일 아름다운 분은 바로 왕비님이십니다."하고 답했어. 늘 진실만 말하는 거울의 대답에 새 왕비는 행복해했어.

그렇게 세월이 지나갔고 새 왕비는 거울에게 물었지.

"벽에 걸린 거울아. 이 나라에서 누가 제일 아름답지?"

매번 같은 대답을 하던 거울이 "왕비님이 보기 드문 미인이긴 하지만, 백설 공주가 왕비님보다 천 배는 더 아름답습니다."라고 답했어. 왕비는 얼굴이 화끈거렸고 급기야 사냥꾼을 시켜 백설 공주를 죽이고 허파와 간을 가져오라 명하지. 하지만 사냥꾼은 백설 공주를 죽일 수 없었어. 공주를 놓아주곤 때마침 지나가던 새끼 멧돼지의 허파와 간을 꺼내 가져갔지. 왕비는 공주가 사라졌다고 만족스러워했어.

한편 숲을 헤매던 공주는 숲속에 살고 있던 일곱 난쟁이들의 집을 발견하고 함께 지내기로 해. 공주가 빨래며, 바느질이며, 살림 등을 맡았어. 난쟁이들이 아무에게도 문을 열어 주지 말라고 경고했지만 공주는 떠돌이 장사꾼으로 변장한 왕비에게 문을 열어 주고 말아. 왕비는 독이 묻은 사과를 공주에게 건넸고 공주는 사과를 베어 물고는 정신을 잃고 쓰러졌지.

공주가 죽었다고 생각한 난쟁이들은 공주를 차마 어두컴컴한 땅속에 묻을 수 없어서 유리관 속에 눕히고 관 위에 황금으로 '백설 공주'라고 새겼어. 그런데 신기한 건 백설 공주가 몇 해 동안이나 몸이 전혀 썩지 않고 잠든 사람처럼 보였다는 거야. 여전히 피부는 눈처럼 희고 입술은 피 같이 붉었으며 머리칼은 흑단처럼 까맸지.

우연히 숲에 왔다가 백설 공주를 보고 그 모습에 반한 왕자는 난쟁이들에게 백설 공주를 달라고 청했어. 왕자의 간곡한 청에 마음이 약해진 난쟁이들은 왕자에게 공주를 내어 주었어. 왕자는 신하들에게 관을 짊어지라고 명령했어. 그 바람에 관이 기우뚱하고 흔들리자 공주의 목에 걸린 사과 조각이 툭 하고 튀어나왔어. 왕자는 깨어난 공주에게 그동안의 일을 이야기해. 그리고 두 사람은 성대하고 화려한 결혼식을 올렸어. 그런데 말이야. 이 일을 모르는 왕비도 왕자와 공주의 결혼식에 초대받았지! 한껏 멋을 부리고 간 결혼식장에서 백설 공주를 알아본 왕비는 그대로 얼어붙었는데 누군가 가져다 놓은 뜨겁게 달군 쇠 신발을 신고 쓰러져 죽을 때까지 춤을 추어야만 했대.

왕비는 왜
거울의 말을 믿었을까?

성별은 '여'. 둥근 얼굴, 하얀 피부, 빨간 입술. 까만 단발머리. 머리에는 리본이 달린 머리띠를 장착. 허리가 잘록하게 들어가는 롱 원피스에 망토가 달린 옷을 입고도 일상생활에 전혀 불편함을 느끼지 않음. 원피스는 파랑과 노랑으로 위아래가 구분되며 언제나 굽이 3센티미터 정도 있는 구두를 신음. 짧은 소매와 목이 파인 스타일이 얇고 긴 팔과 쇄골의 아름다움을 드러내도록 돕는 건 안 비밀.

언니 내가 지금 쓴 이 사람이 누구게?

언니라면 첫 줄에서 이미 눈치 챘을지도……. 누구? 바로 백.설.공.주.야. 왜 백설 공주 이야기를 하냐고? 오랜만에 책꽂이에 꽂힌 앨범을 열었다가 언니도 나도 같은 옷을 입고 찍은 사진을 발견했거든. 이제 내가 왜 백설 공주를 말했는지 눈치챘지? 바로 언니와 내가 입은 옷이 바로 백설 공주 드레스였어. 내가 어렸을 때 "엄마, 나도 드레스!"하고 시도 때도 없이 떼썼잖아. 물론 지금 나한테 누군가가 "평소에도 백설 공주처럼 입을래?"하고 묻는다면 "미쳤니?"라고 대답할 테지만, 그때는 공주가 뭔지도 모르면서 공주가 되고 싶었나 봐.

공주 드레스를 입으면 공주가 될 수 있다고, 아니 되었다고 믿었거든.

근데 언니, '아주 먼 옛날'로 시작하는 백설 공주는 왜 아직도 죽지 않고 우리 곁을 맴도는 걸까? 내가 인터넷에 '백설 공주'라고 치니까 영화, 드라마, 색칠공부를 포함한 각종 책, 옷, 화장품, 가게 이름까지 나와. 공주님은 열일을 하고 계시더라고. 도대체 왜 사람들은 아직도 백설 공주를 잊지 못하는 걸까?

나는 이런 생각에 답하려고 백설 공주의 치명적인 매력을 살펴보고자 동화책을 꺼내 읽었어. 책을 읽으면서 도대체 딸이 쫓겨나는 동안 아버지 왕은 왜 한마디도 못했는지 답답했고, 난쟁이들은 왜 자기 할일은 공주에게 시키고 공주는 그걸 왜 당연하게 여기는지 화가 났어. 공주를 두고 왕자와 난쟁이가 주네 마네 하는 일은 어이가 없었지. 죽은 (줄 아는) 공주를 달라고 하는 왕자는 분명 제정신이 아닐 거야. 하지만 언니, 이런 것들보다 더 나를 고민에 빠지게 한 인물은 바로 왕비였어. 당연히 나쁘다고만 생각한 왕비가 좀 안쓰럽게 느껴졌다고 해야 할까?

책을 읽다 보니 의아했어. 왕비는 왜 왕도 아니고 백성들도 아니고 거울에게 '세상에서 제일 아름다운 사람은 바로 왕비님입니다'와 같은 대답을 듣고 싶었던 걸까? 또 거울이 아름답다고 말하는 기준은 뭘까? 언니, 도대체 아름답다는 것은 뭐야? 그 기준은 누가 정하는 거야? 이런 생각을 하니까 왕비가 되게 불쌍하게 느껴지는 거 있지. 처음부터 왕비도 아니었고, 그렇다고 백설 공주의 엄마도 아닌, 누군가의 자리를 대신하는 왕비가 외모에 그렇게 집착했던 이유도 살짝 이해되면서 말이지. (물론, 왕비가 공주를 죽이려고 한 것까지 괜찮다는 건 아니야!!! 오해 말아 줘!)

솔직하게 말하면, 백설 공주처럼 태어나면서부터 그냥 예쁜 사람들은 거의 없잖아? 거울 앞에서 단장하는 왕비처럼 예뻐지려고 노력하는 사람들이 더 많지 않아? 그러니까 어쩌면 왕비는 우리와 같은 평범한 사람, 더 예뻐지고 싶은 마음을 가진 사람이지 않았을까 싶어. 근데 우리는, 아니 나는 왜 예뻐지고 싶은 거지? 갑자기 훅하고 가슴이 아리는 것 같아.

반대로 태어날 때부터 예쁘고 심지어 착하기까지 한 백설 공주는 이해하기 어려운 존재였어. 엄마가 돌아가시고 새 왕비의 구박을 받다가 쫓겨났고 죽을 뻔한 건 불쌍하고 안 되었어. 하지만 빨래, 청소, 설거지 등을 하면서까지 난쟁이들과 살아야 했을까? 다른 모험은 할 수 없었을까? 아니, 위험에서 벗어나야 했으니까 어쩔 수 없었다고 쳐. 또 난쟁이들의 경고를 무시하고 낯선 이에게 문을 열어 준 것도 그녀가 사람이니까 그랬다고 이해할게(깊은 숲속에서 얼마나 외로웠겠어?). 그런데 어떻게 몇 년 동안 잠들었다가 깨어났는데, 누군지도 모르는 왕자(왕자인지 아닌지 어떻게 알아? 왕자라고 해도 그렇지!)를 바로 따라갈 수 있지? 왜 이야기 속 공주들은 하나같이 왕자라면 묻지도 따지지도 않고 따라나서는 거야? 정말 답답해.

그런데도 사람들은 '오랫동안 행복하게 살았답니다.'만 기억하는 거 같아. 그러니까 백설 공주가 죽지 않고 여전히 우리 곁에 있는 거 아니겠어? 아이들은 공주 드레스를 입고 공주가 되었다며 행복해하고, 공주가 될 수 없는 어른들은 영화나 책을 보며 그녀를 기억하고 말이야. 하지만 정말 공주가 행복했을지는 잘 모르겠어.

언니, 오늘 편지는 온통 궁금한 것들뿐이네. 어쩌다 백설 공주는 여전히 우리 곁을 맴돌고 있는지, 왕비는 왜 그토록 아름다워지려고 했는지, 도대체 아름답다는 건 뭔지 혹시 언니가 알고 있다면 알려 줄래? 공주가 되지 않아도, 아름답지 않아도 행복할 수 있다고 말해 줄래?

예뻐지고 싶은 건
과연 내 욕망일까?

그녀는 매캐하고 회색빛 먼지 속에 있지. 하지만 상관없어. 공중에 날리는 먼지가 빛을 받아 반짝이듯 그녀의 피부와 금발 머릿결은 눈부시게 빛나거든. 구멍이 송송 난 옷을 입고 있어도 한번 눈을 마주치면 사랑하지 않을 수 없는 작은 얼굴도 지녔지. 요정과 동물들이 친구인 그녀는 아무리 힘든 일들도 무도회가 열리는 밤이 오기 전에 모두 마칠 수 있는 능력자이기도 해. 무도회가 열리는 밤, 아름다운 드레스를 입고 황금 구두를 신은 그녀는 호박 마차를 타고 왕자님 앞에 등장해서 무도회장에 있던 모든 사람들을 놀라게 하지. 그런 그녀를 가족들도 몰라봐. 그런데 더 놀라운 일은 밤 12시를 알리는 소리에 허겁지겁 나오다 벗겨진 구두가 오직 그녀에게만 맞는다는 사실이야. 그녀는 과연 누굴까?

자, 이번에는 네가 한 번 맞춰 볼래? 어렵지 않지? 그래. 그녀는 백설 공주처럼 '아주 아주 먼 옛날'의 이야기에 등장하면서도 여전히 우리에게 큰 존재감을 드러내는 '신데렐라'야! 밤 12시가 되어 사라진 그녀는 누구와도 같지 않은 발을 가진 특별한 여인이지. 신데렐라를 찾기 위해 왕자는 여러 사람에게 신발을 신겨 보았어. 그러자 신데 렐라의 새 엄마는 딸들에게 어떻게 했는지 아니? 큰 딸은 엄지발가락이, 작은 딸은 발뒤꿈치가 신발에 들어가지 않자 엄마는 딸들에게 칼을 건네.

"잘라 내렴. 어차피 왕비가 되면 네 발로 직접 걸어 다닐 필요도 없을 테니까."

'헐, 대박, 어이없음, 설마' 이런 말들이 떠오르지만 동화 속 딸들은 엄지발가락과 발뒤꿈치를 잘라. 얼마나 아프고 또 많은 피를 흘렸을까? 그렇지만 언니들은 이를 악물고 이 모든 고통을 이겨 내. 그리고 황금 구두에 발을 넣은 뒤 왕자와 함께 집을 떠나지. 하지만 왕국으로 출발한 지 얼마 지나지 않아 거짓말은 들통나고 말아. 신발이 금방 피투성이가 되었거든. 결국 새 언니들은 궁전이 아닌 집으로 되돌아가야 했어. 그 후 새 언니들은 어떻게 되었을까? 상상하는 일은 어렵지 않지.

나는 네가 왕비의 거울에 대해 말한 것을 읽으며 신데렐라의 황금 구두가 생각났어. 새 왕비나 새 언니들이나 모두 아름다움의 기준을 자신이 아닌 다른 것에 맞추고 있어서 비슷하다고 느껴졌지. 왕비는 거울의 말에, 새 언니들은 황금 구두에 자신을 맞추려고 한 거지. 왜냐하면 그래야 아름답다고 인정받을 수 있으니까 말이야.

　　그럼 오늘을 살고 있는 우리는 왕비나 새언니들을 향해 "어머, 쟤들 제정신이야?"하고 비난할 수 있을까? 우리는 다른 사람들이 제시하는 아름다움이라는 기준에서 자유로울까? 아니, 그렇지 않아. 너도 알다시피 언니만 해도 다이어트라는 말을 달고 살았지. 연예인처럼 비정상적으로 마른 몸이 되고 싶었거든. 또 여자에게 다이어트는 선택이 아니라 필수라는 사람들의 말 때문에 조금만 살이 쪄도 신경이 쓰였어. 그런데 이런 아름다운 몸매의 기준은 누가 세운 거지? 흔히들 말하는 섹시한 몸매에 완성형은 있는 걸까?

　　피부는 또 어떻고? 피부결과 피부톤 역시도 신경 써야 할 대상이

《백설공주》 삽화

됐어. 많은 사람들이 흉터나 두드러기 같은 질병이 아니라 더 맑고 하얀 피부를 갖기 위해 피부과를 찾아가. 신데렐라 주사나 백옥 주사를 맞으면 바로 깨끗하고 투명한 피부를 가질 수 있다고 해서 주사도 맞고, 각종 미용 시술들도 함께 받지.

　　이런 주사와 시술에 돈이 많이 안 드냐고? 물론 많은 돈이 들

지. 하지만 그 돈을 지불해서라도 그런 피부를 갖고 싶은 거야. 그런데 누가 맑고 투명한 피부가 아름다운 여성의 기준이라고 했지? 이밖에도 수많은 성형외과에서는 매일 얼마나 많은 뼈를 깎고 살을 찢으며 아름다움을 만들려 하는지 더 말할 필요도 없을 거야.

그림 형제

어쩌면 우리 역시 "세상에서 가장 아름다운 사람은 당신입니다."라는 말을 듣고 싶은 건 아닐까? 그럼 도대체 왜 우리는 아름다워지려고 하지?

아마도 그건 왕비와 비슷한 이유이지 않을까. 물론 스스로 만족하기 위해서라고 말할 수도 있어. 하지만 왕비의 경우에는 만족 이전에 생존의 문제였을 거야. 누군가의 자리를 대신하고 있는 불안감, 언제든 더 젊고 아름다운 사람이 자신을 대신할 수 있을지도 모른다는 위기감, 정치에는 나설 수 없었을 테니 아름다움만이 존재감을 드러내는 방법이라는 절박함까지 있었겠지.

오늘날의 많은 여성들도(남성들도 외모를 가꾸지만 특히 여성들) 외모가 스스로의 만족을 넘어 생존과도 관련 있다고 생각하는 게 아닐까? 대학, 토익 점수 같은 스펙만큼 여성에게는 외모가 점점 높게 요구되기 때문은 아닐까 하고 생각해 봤어. 우스갯소리겠지만 "예쁘면 다 용서된다."라는 말들이 사람들을 왕비처럼 거울 앞에 세우고 자꾸만 가꾸도록 강요하는 주문 같아. 이런 주문들은 마른 사람들만 나오는 대중문화 속 연예인들은 기본이고 '곧 여름인데 먹을 걸 못 참아?', '피부원상복구, 후기대박'과 같은 광고들에도 흔하게 나와. 거울이 왕비의 아름다움을 평가했듯 오늘날에는 대중문화나 소비를 부추기는 광고들이 지금 내가 봐줄 만한 사람인지를 평가하는 기준인 셈이지.

그런데 문제는 여성에게만 기준이 더 많고 상세하다는 거야. 머리부터 발끝까지, 손톱에서 발톱까지. 처진 뱃살부터 쇄골까지, 겨드랑이털에서 다리털까지 여성이 관리해야 할 것은 너무나 많거든. 오늘도 마스크팩을 하고 제모를 하는 이유가 혹시 누군가 기대하는 '청순하고 예쁘고 섹시하고 우아하기' 위한 노력은 아닌지 생각해 보았으면 해.

유진아, 이렇게 우리는 자신의 욕망이 자기 것인지 다른 사람의 것인지 헷갈려 하며 살아가기도 해. 이런 현상을 '대상화'라고들 하지. 어쩌면 왕비는 아름다움을 가꾸는 일에 관심이 없었을지도 몰라. 그런데 사람들이 자꾸만 왕비는 아름다워야 한다고 얘기해. '왕비는 머릿결이 부드러워야 하는데, 왕비는 피부가 하얘야 하는데, 왕비는 허리가 가늘고 엉덩이가 풍만해야 하는데' 등등. 그러면 없던 관심도 생기고 그렇게 되려고 노력하겠지. 그러다 보면 타인의 눈으로 자신을 바라보게 될 거야. 거울 속에 분명 자신이 비춰지는데도 마치 다른 사람을 보듯 평가하고 비교하게 되는 거지. 만약 왕비에게 서로 다른 기준으로 보고 대답하는 거울이 있었다면 어땠을까?

"거울아, 거울아. 세상에서 누가 제일 아름답지?"

"네, 공주님이 아름답기는 하지만 공주의 부족함을 보살피려는 왕
비님의 마음이 세상에서 제일 아름답습니다."라고 말하는 거울이 있
었다면 말이야.

세상을 이해하기 위해 우리가 알아야 할
대상화

아름답다는 것이 뭐냐고? 글쎄, 그 아름답다는 기준은 사람마다 다른 게 아닐까 싶어. 어떤 사람은 겉모습에서 또 어떤 사람은 내면에서 아름다움을 발견할 수 있지. 또 같은 겉모습이나 내면이라도 사람들마다 평가를 다르게 할 수도 있지. 그러니까 아름답다는 건 고정된 어떤 형태라고 말하기가 참 어려운 것이야. 다만 너와 네가 아름답다고 생각하는 게 다를 수 있고, 혹 다르다고 해서 틀린 것은 아니라는 것만 얘기해 줄 수 있겠다. 하지만 대상화는 나의 기준보다는 남들의 기준이 중요해. "내가 이러면 남들이 나를 어떻게 보겠어요?"와 같은 말에 담긴 태도지. 그러다 보니 타인의 시선에서 자유롭지 못해. 사람들이 원하는 게 무엇인지 찾아야 하니까 말이야. 그럼 이런 질문도 가능하겠다.

"언니, 그럼 살도 빼지 말고 머리도 기르지 말고, 화장도 안 하면 대상화에서 자유로운 거야?"

아니, 그렇지 않아. 이 역시도 대상화되지 않으려고 자신의 욕구를 숨기거나 타인의 시선을 의식한 거니까 말이야. 그럼 어쩌라는 거냐고? 사실 나도 잘 모르겠어. 내가 하고 싶은 게 정말 내가 원하는 것인지 아닌지를 구분하는 건 너무나 어렵기 때문이야. 그렇기 때문에 '자기 삶의 주인으로 살아가기'란 정말 어려운 일이란다. 끊임없이 자신의 만족과 기준은 무엇인지 생각해 보고 답을 구해야만 해.

피터 팬

제임스 매튜 베리

　네버랜드에는 피터 팬과 웬디, 집을 잃어버린 여섯 소년, 웬디의 남동생 존과 마이클, 인디언, 요정, 인어, 그리고 해적 후크와 그의 부하들이 살고 있었어. 원래 웬디는 14번가에 살던 달링 부부의 딸이었지만 그림자를 찾으러 온 피터 팬을 따라 네버랜드로 왔어. 하지만 곧 모두 함께 집으로 돌아가자고 피터팬에게 말했어. 웬디의 말을 들은 피터팬은 집에 가는 걸 말리진 않겠지만 함께 가진 않겠다고 선언해. "엄마들이 늘 기다린다는 것은 거짓말이야. 나도 그럴 줄 알았어. 그래서 달이 몇 번이고 뜰 때까지 오랫동안 밖에서 지내다 집으로 돌아갔지. 하지만 늘 열려 둘 것만 같던 창문은 닫혀 있었고 내 침대에는 다른 남자애가 자고 있었지. 엄마는 날 잊은 거야."라면서.

　할 수 없이 웬디는 피터 팬을 네버랜드에 남겨 두고 존과 마이클, 여섯 소년들과 함께 길을 나섰다가 갈고리 손의 후크 선장에게 붙잡혀서 위험에 처하고 말아. 뒤늦게 웬디가 붙잡힌 걸 안 피터 팬은 기다란 갑판에서 떨어져 죽을 뻔한 웬디를 구하고 후크 선장을 째각째각 소리가 나는 악어의 배 속으로 보냈어. 피터 팬은 승리했고 웬디는 집으로 돌아왔지.

　그런데 잠깐, 웬디는 어쩌다 네버랜드로 갔을까? 14번가에 살던 웬디는 달링 부부의 큰 딸로 존과 마이클의 누나이기도 해. 엄마와 아빠가 27번가에서 열린 파티에 간 날 밤, 피터 팬은 잃어버린 자신의 그림자를 찾으러 웬디와 아이들의 방에 들어와. 요정 팅크의 도움으로 그림자는 찾았지만 어떻게 해도 그림자가 붙지 않자 소리 내서 울고 말지. 웬디는 그 소리에 깼고 마치 엄마처럼 그림자를 꿰매어 줘.

피터 팬은 웬디에게 네버랜드에서는 하늘을 날 수도 있고 인어도 볼 수 있고 무엇보다 웬디가 재워 줘야 할 아이들이 있고, 구멍 난 옷을 고쳐 주고 호주머니도 만들어 줄 수 있는 곳이라고 말해. 웬디는 그 말에 홀랑 마음을 뺏겨 피터 팬을 따라가기로 해. 마침 잠에서 깬 존과 마이클도 함께 말이야.

팅크의 요정 가루를 뿌린 아이들은 피터 팬과 함께 하늘을 날아 네버랜드에 갔고 많은 일들을 경험해. 그곳에는 피터 팬이 말했던 대로 집을 잃어버린 여섯 소년도 있었고 인어도 있었어. 하지만 피터 팬이 악당 후크와 싸우고, 아이들이 네버랜드를 탐험하고 노는 동안 웬디는 하루 종일 요리를 하느라 코를 냄비에 파묻고 있을 지경이었어. 아이들이 잠들고 나면 바느질을 했는데, 이 시간에야 겨우 한숨 돌릴 수 있어서 웬디는 바느질 시간을 가장 좋아했어. 또 가끔씩은 "휴, 어쩔 땐 혼자 사는 여자들이 부럽기도 해."라며 한탄하기도 했지. 한 손에 갈고리를 한 후크 선장이 호시탐탐 피터 팬을 노렸지만 아이들은 행복한 집에서 웬디가 들려주는 이야기를 들으며 시간을 보냈지.

앞에 얘기했다시피 피터 팬이 후크 선장을 무찌른 후 소년들과 웬디는 집으로 돌아왔어. 시간은 점점 흘렀고 아이들은 더 이상 하늘을 나는 방법도 네버랜드도 잊어버렸어. 웬디만이 봄맞이 대청소 주간에 데리고 가겠다던 피터 팬을 기다렸지만 피터 팬은 찾아오지 않았지. 그러다 웬디가 결혼하고 딸아이 제인을 낳자 그가 불쑥 나타났어. 봄맞이 청소 주간이라며 제인을 데리고 사라졌지. 또 제인이 커서 마거릿을 낳자 이제 마거릿을 데리고 네버랜드로 가버렸어. 아마도 그 여자아이들이 웬디처럼 청소도 하고 빨래를 하는 동안, 늙지 않은 피터 팬은 여전히 요정과 새로운 아이들과 네버랜드 하늘을 날고 있지 않을까?

웬디는 왜
엄마가 되려고 했을까?

언니, 요즘도 힘들지? 지난번 편지에 '집-마트-집'만 간다던 언니의 말이 자꾸만 마음에 걸려. 여행을 좋아하는 언니가 이렇게 좋은 날씨에 집에서 얼마나 답답할까? 지난번에 언니가 세연이를 데리고 잠깐 우리 집에 왔을 때 나는 아이 한 명에 필요한 짐이 그렇게 많은지 처음 알았어. 기저귀, 손수건, 젖병, 물티슈, 혹시 토하면 갈아입힐 여벌옷까지. 핸드백만 들고 다니던 결혼 전 언니는 온데간데없더라. 또 집에 와서도 세연이 우유 먹이고 또 먹다가 토한 세연이 옷을 갈아입히고 수시로 기저귀를 갈아 주고, 또 안아 주느라 언니는 정말 바빠 보였어. 예전 같았으면 쇼핑도 가고 영화도 보자고 했을 텐데, 소파에 기대서 눈을 감고 있는 언니에게 말을 붙이기도 쉽지 않더라고.

그런 언니를 보면서 처음으로 '엄마도 저렇게 힘들었겠지?'란 생각을 했어. 나도 엄마가 될 수 있을까 하는 걱정도 됐고. 어릴 적에는 어른은 뭐든 마음대로 하는 것 같아서 빨리 어른이 되고 싶었는데, 요즘은 어른이 되는 일이 많이 걱정돼. 뉴스에서 매일 나오는 청년 실업이라는 말도 두렵고, 실제로 내가 할 수 있는 일보다 책임져야 하는 일들이 많아진다는 걸 조금씩 알게 되니까 겁이 나기도 해. '과연 나는 어른이 돼서 남들처럼 잘할 수 있을까?'하고 말이지. 그러다 영원한 어린아이로 기억되는 피터 팬이 생각난 거야! 네버랜드, 어디에도 없는 나라에 산다는 피터 팬은 여전히 어린아이인 채로 책 속 세상에서 살고 있으니까! 피터 팬은 이렇게 시작해.

'아이들은 모두 자라 어른이 된다. 딱 한 명만 빼고 말이다.'

누구나 피터 팬은 자라지 않는 아이라는 걸 알고 있고 갈고리 손의 후크 선장, 째깍째깍 소리가 나는 악어, 전혀 해적 같지 않은 어리숙한 해적들, 새침데기 요정 팅크도 떠올릴 거야. 하지만 웬디에 대해서는 별로 생각하지 않지. 그래서 웬디에 대해 언니랑 이야기하고 싶어. 언니, 웬디는 왜 네버랜드로 갔을까? 짧은 동화책으로 피터 팬을 본 나는 웬디가 하늘을 날고 싶고, 인어와 요정을 보고 싶어서 네버랜드

제임스 매튜 베리

로 간 줄 알았어. 그런데 원작을 읽으니 웬디는 네버랜드에서 하고 싶은 '역할'이 있었던 것 같아. 어떤 역할이냐고? 그건 웬디가 피터 팬의 그림자를 꿰매주고 네버랜드로 가기까지를 읽다 보면 알 수 있어.

피터 팬은 14번가의 달링 부부네 집

에서 그림자를 잃어버리는데 거기가 바로 웬디네 집이야. 웬디는 피터 팬이 자기를 보러 온 줄 알았지만 사실 피터 팬은 달링 부인, 그러니까 웬디의 엄마가 잠자리에 누운 아이들에게 들려주는 이야기를 듣기 위해 이 집에 종종 왔어. 피터 팬은 제비들이 처마 밑에 둥지를 만드는 것도 재미있는 이야기를 듣기 위해서라며, 미처 다 듣지 못한 '유리 구두를 신은 아가씨를 찾는 왕자님 이야기'를 꺼내지. 이야기의 끝을 모르는 피터 팬에게 웬디는 두 사람이 만나서 행복하게 살았다고 말해 주어. 그러자 피터 팬은 다른 아이들에게 그 이야기를 전해주기 위해 급히 돌아가려고 해. 바로 그때 웬디가 피터팬에게 가지 말라고 하면서 "그래, 나는 아이들에게 이야기를 들려줄 수 있어!"하고 외치지.

이젠 피터 팬이 웬디에게 네버랜드에 가자고 해. 거기에 가면 아이들을 재울 수도 있고 호주머니가 없는 옷에 주머니를 달 수도 있다고 말해. 인어와 요정이 있다는 이야기에도 망설이던 웬디가 아이들을 위해 뭔가 할 수 있다는 말에 네버랜드로 가겠다고 하지. 나는 이 부분에서 웬디가 엄마의 역할을 하고 싶었던 건 아니었을까 생각했어.

실제로 네버랜드에서 웬디는 모험은커녕 아이들을 돌보는 일만 해. 청소, 빨래, 바느질, 요리, 아이들 교육(웬디는 선생님처럼 문제를 내기도 하거든), 잠들기 전에 이야기를 들려주는 것까지 모두 웬디의 몫이 되거든. 나무 구멍으로 들어가야 하는 땅속 집에서 웬디는 왜 엄마가 되고 싶었을까? 처음엔 잘 이해되지 않았어. 그런데 나도 웬디처럼 어렸을 때는 곧잘 엄마가 되려고 했던 게 생각났어.

플라스틱으로 만든 프라이팬을 장난감 가스렌지 위에 올려놓고는 브로콜리, 양파 장난감으로 요리를 하고 그릇에 담았지. 인형을 품에 안거나 업으면서 엄마 흉내를 내기도 했어. 그뿐만이 아니야. 유치원 때 남자 친구는 아빠, 나는 엄마 역할을 하면서 놀았는데 웃긴 건 뭔 줄 알아? 그때도 아빠 역할을 맡은 남자애들은 회사에서 일하는 흉내를 냈고, 여자애들은 하나같이 장바구니를 들고 시장에 가거나 집에서 요리하거나 아이를 돌보는 흉내를 냈다는 거야! 세상에!!!

이때를 떠올려 보니, 웬디가 엄마가 되고 싶은 것 역시 그때 내 마음과 다르진 않았을 것 같아. 그런데 어쩌면 웬디는 엄마가 아니라 어른이 되고 싶었던 건 아니었을까?

"엄마와 아빠는 내가 어른이 되면 무엇이 될지 말했어. 나는 어른이 되기 싫어. 언제나 어린아이인 채로 재미있게 놀고 싶어."

피터 팬이 집을 떠난 이유를 말하는 부분이야. 어린아이인 채로 재미있게 놀며 '무엇'을 해야 하는 어른을 거부하려던 피터 팬과 달리 웬디는 어쩌면 '무엇'이 되거나 '무엇'을 하는 어른이 되고 싶었던 것 같아. 다만 웬디는 어른이 해야 할 일을 엄마의 모습 그대로 본받은 것뿐이지. 어른은 뭘 하는지 알 수 없으니까 내가 어렸을 때처럼 여자 어른들이 주로 하는 일들을 흉내 냈겠지.

처음부터 끝까지 웬디의 입장에서 피터 팬을 보니, 웬디의 엄마인 달링 부인과 웬디의 딸인 제인, 손녀인 마거릿 역시도 어른의 역할을 하고 싶었던 것 같아. 다만 달링 부인에서 마거릿까지 이어진 어른 여자의 역할은 달라지지 않았던 거고 말이야. 왜냐고? 봄맞이 청소 주간에 피터 팬을 따라 네버랜드로 가는 것을 보면 그래. 청소와 돌봄이 필요한 시기에 소녀들을 데리고 간다는 것은 여자는 모두 엄마 노릇을 해야 한다고 믿는 거고, 또 소녀들 역시 엄마 노릇을 기꺼이 받아들였으니 따라간 것 같거든.

반면 피터 팬은 가끔씩 혼자 나가 모험도 하고 후크 선장과 싸우기도 해. 그러면서도 피터 팬은 위기에 처한 인디언 소녀 타이거 릴리를 구하고, 네버 새의 어미가 알을 품을 수 있게 도와주고 집으로 돌아가려다 붙잡혀 갑판 끝에 위태롭게 선 웬디도 구해. 멋진 건 혼자 다 하는 것 같지만 사실 따지고 보면 또 위험한 일이기도 해. 이런 장면들을 본 소년들은 갈고리 손을 지닌 후크 선장과 싸우는 것쯤은 두려워하지 않아야 하고, 셀 수 없을 만큼 많은 모험을 즐겨야 한다고 믿게 되지 않을까? 그렇지만 나는 잘 모르겠어. 모든 어린 소녀들이 엄마가 되고 싶어 하는지도, 모든 소년들이 위태롭게 하늘을 날고 해적들과 싸우고 싶어 하는지도 말이야. 언니는 어떻게 생각해?

모성애, 기사도…
만들어진 본능에 대하여

　혹시 밤낮으로 기사도에 관한 이야기를 읽다가 '머릿속 골수가 다 말라' 정신이 이상해졌다는 알폰소 키하노의 이야기를 들어 봤니? 에스파냐의 하급 귀족인 50대의 그는 재산을 팔아 가며 기사도 소설 이야기를 사 모으고 읽었어. 그러다 결국 소설과 현실을 구분하지 못하고 급기야 조상에게서 물려받은 칼과 창, 얼굴을 가리는 아래 덮개가 떨어져 나간 투구를 손질해 쓰고는 스스로 기사가 돼. 그의 목표는 위험에 처한 이웃과 세상을 구하는 것, 그리고 사랑을 바칠 여인을 찾는 일이었지. 이제 이 사람이 누군지 알겠니? 그래, 돈 키호테야. 풍차를 보고 거인이라고 착각해서 싸우질 않나, 억울하게 죽은 자의 시신이 강탈당하는 거라며 장례 행렬을 가로막고 신부에게 시신을 내놓으라고 떼를 쓰는 모습들은 기사로서 한 그의 다짐과 거리가 있어 보이지. 이런 기이한 행동들 때문에 《돈 키호테》를 두고 몰락한 기사의 모습을 풍자한 소설이라고도 말해. 하지만 매 맞는 하인들을 구해 주거나, 연인에게 버림받은 이의 슬픔에 공감하고, 양떼를 군사로 보고 덤비는 장면들은 오히려 기사도 정신이란 어떠해야 하는 것인지를 말해 주기도 해. 번쩍번쩍 빛나는 갑옷을 입고, 날카로운 창을 들고 윤이 자르르 흐르는 말을 타고 나선다고 기사인 것이 아니라, 약자를 보호한다는 기사도의 정신을 잘 보여 준 '돈 키호테'야말로 진정한 기사일 수도 있지.

그런데 왜 갑자기 돈 키호테냐고?

피터 팬이 돈 키호테와 비슷한 점이 있는 것 같았거든. 피터 팬은 위험을 감수하고 인디언과 알을 품고 있던 네버 새를 구했으며, 바다로 떨어질 뻔한 웬디도 구해. 어디에도 없는 섬인 네버랜드에서 끊임없이 모험하는 것은 물론이고, 종종 사람들이 사는 세계까지 가볍게 날아갔다 와. 네 말처럼, 소년이라면 이 정도 모험쯤은 아무것도 아니고, 소년이라면 위험에 처한 사람을 구하는 게 당연한 것처럼. 사실 이런 모습은 낯설기보다 익숙해. 소년이라면 무거운 짐을 당연히 들어야 하고, 여자를 보호해야 하고, 위험 앞에서도 겁먹지 않은 모습을 보여야 하고, 당연히 운동은 잘해야 할 것 같잖아! 피터 팬의 모습에서 혹은 네가 기대하고 있을지 모를 소년들의 모습에서 '기사들의 모습'이 언뜻 보이는 것 같지 않니? 그럼 기사는 어떤 사람들이었을까?

원래 타고난 게 아니라고? 기사도와 모성

중세 시대에 기사는 하나의 계급이었어. 귀족이긴 하지만 최하위 귀족으로 말을 타고 전쟁에 참여하는 기마병이라고 할 수 있어. 과거에는 오늘날보다 훨씬 더 많은 봉건 제국들이 있어서 성주들은 기사들을 통해 자신의 성을 지키거나 영토를 넓혔지. 하지만 이런 기사들 중에도 가난한 가문이거나 상속권이 없는 기사들도 있었어. 그들이 신분 상승을 할 수 있는 방법은 귀부인의 선택을 받는 것인데, 동화 속 미인들이 왕자의 선택을 받아 신분이 상승되는 것과 비슷한 셈이지. 오늘날 흔히 '레이디 퍼스트'라 불리는 서양의 예절 역시 이 기사도 정신에서 비롯된 것이라고 해.

　피터 팬 또한 이런 예절을 충실히 따라서 웬디와 릴리(인디언)를 구하고 어미 새를 돌봐. 하지만 잘 생각해 봐. 어려움에 처한 사람을 도울 때 성별에 따라 해야 할 일이 따로 있겠니? 만약 피터 팬이 위험에 처했다면 웬디는 피터 팬을 위해 용기를 안 냈을까? 아니겠지. 어려

'갈림길에 선 기사', 빅토르 바르네초프 작

움에 처한 사람을 돕는 일에 성별은 큰 의미가 없어. 누구나 사람이기 때문에 위험에 처한 사람을 보면 도와야 하는 거야. 그러니까 피터 팬이 소년이었기 때문에 위험에 처한 웬디와 릴리 등을 구했다고 볼 수는 없는 거지. 같은 의미로 소년이기 때문에 위태롭게 하늘을 날고 해적들과 싸우고 싶을 거라고도 생각하기 어려워. 어떤 소년들은 싸움보다는 요리가 더 좋을지도 몰라.

그리고 네 말처럼 웬디는 엄마가 아니라 어른이 되고 싶었던 것일지도 몰라. 피터 팬이 기사도 정신에 따라 웬디를 도왔다면 웬디는 당시 여성들에게 부여된 모성에 따라 피터 팬과 아이들을 돌보았을 거야. 사실 《피터 팬》은 처음에는 생후 7일 된 아기인 피터 팬이 요정

《피터 팬》 1911년도 표지

《피터 팬》 1915년도 표지

대관식 로브를 걸친 에드워드 7세

들을 따라 켄싱턴 공원으로 날아가 함께 살아간다는 내용의 제임스 매튜 베리의 단편집《작고 하얀 새》(1902년)에서 시작돼.

우리가 아는 줄거리는《피터와 웬디》라는 제목으로 1911년에나 나온 이야기야. 바로 1900년대 초가 배경인 이 작품에서 모성애 혹은 가족은 좀 특별한 의미를 지녀. 피터 팬의 배경이 되는 영국은 1900년대 빅토리아의 시대에서 에드워드의 시대로, 대영 제국의 절정에서 내리막으로 향하던 시절이야. 계급의 격차와 지역의 격차, 남녀의 구분, 어른과 아이의 구분이 강화되고 여성과 아이에게는 여성다움과 아이다움을, 가장의 권위에 복종해야 한다고 생각되던 시절이었지.

당시는 아이들이 천사인 동시에 미성숙한 존재여서 처벌과 훈육이 필요하다고 믿었어. 또 산업 혁명의 영향으로 아이들을 미래의 노동력이자 경제적 자원으로 인식했어. 그래서 영아 사망률을 낮추기 위한 모유 수유와 아이를 건강하게 키워야 한다는 사회적인 요구도 있었대. 그러다 보니, 자연스럽게 여성의 고귀하고 성스러운 '모성'은 아이들을 돌보는 중요한 원동력이 되었어. 그러니까 웬디가 아이들을 돌보는 일에 관심을 갖고 스스로 그렇게 노력하는 이유는 당시 사람들이 당연하게 여긴 생각과 연관 있는 거야. 아마 오늘날 소녀들에게 피터 팬이 돌봐 줘야 할 아이들이 있다는 이유로 네버랜드로 가자고 한다면 콧방귀도 뀌지 않겠지. 그게 나랑 무슨 상관이냐고 하면서 말이야!

　이제 오늘의 편지를 마무리해 볼까? 네 말처럼 언니는 여전히 힘든 날들이야. '집－마트－집'인 생활이 힘들다기보다 아이를 키우고 집 안일을 돌보는 일이 매일 처음이기 때문이야. 한 단계를 해결하고 다음 단계로 넘어가던 학교 공부와 달리 늘 예측할 수 없는 일들이 일어 나기 때문이지. 세연이 때문에 밤잠을 설치고, 세연이를 안고 화장실

에 앉아야 할 때는 인간으로서 최소한의 권리도 누리지 못하는 것 같아 짜증이 나기도 해. 그럴 때 나는 내가 엄마로서 능력이 부족한 건 아닌지, 모성이 없는 건 아닌지 덜컥 겁이 나기도 했어.

그런데 말이야, 모성이라는 게 모두에게 똑같은 분량으로 있는 건 아니지 않을까 싶어. 지능도 재능도, 감수성도 모두 다른데 모성만이 여성에게 똑같이 있다는 건 어째 좀 이상하지 않아? 본능이라고들 말하지만 언니 생각은 좀 달라. 그래서 가끔은 내가 좀 부족하다고 느껴져도 나를 탓하려고 하진 않아. 다만 매일이 처음이라 어색하고 어려운 것뿐이라고 스스로 위로하려고 해. 유진아, 언니가 좀 부족하다고 해도 괜찮지 않을까?

p.s.
세상을 이해하기 위해 우리가 알아야 할 모성

모성(母性)을 풀이하면 '어미가 되어 갖게 되는 성질'을 의미해. 이 말은 어미, 즉 엄마가 되면서 가지게 되는 성질이 있다는 거지. 실제로 캘리포니아 대학교의 신경정신 분석학자 루안 브리젠딘(Louann Brizendine)박사는 임신 6개월에서 출산 직전까지 엄마의 뇌를 촬영한 결과, 복잡성과 유연성에 관련된 영역이 커진다는 결과를 내놓았어.

이 결과에 대해 엄마가 신생아를 돌보는 능력이 더 발휘되도록 뇌가 일시적으로 변하는 것이라고 보았지. 또 같은 대학의 사회심리학 교수인 셸리 테일러(Shelley E.Taylor)는 출산과 수유 과정에서 분비되는 옥시토신이라는 호르몬이 모성 행동을 유발시킨다고 발표했어. 이런 결과들은 엄마가 자신의 아이를 보살피고, 사랑하고, 아이를 위해 기꺼이 희생하도록 만드는 모성이 생긴다는 주장의 근거로 사용되곤 해.

하지만 프랑스의 철학자 엘리자베트 바댕테르(Elisabeth Badinter)는 자신의 책《만들어진 모성》을 통해 모성의 개념이 근대에 오면서 만들어진 환상이라고 말했어. 영국의 산업 혁명이 일어난 17~18세기 유럽 사회를 예로 들며 당시 부모들이 어떻게 아이들을 방치했는지를 밝히지. 프랑스 철학자이자 교육학자로 유명한 에밀을 비롯해 당시 유럽 사회의 상류층에서는 아이를 공립 고아원에 보내거나(에밀은 자신의 다섯 아이를 모두 고아원에 보냈어) 기숙학원이나 수녀원에 보내거나 유모에게 모든 양육을 맡기기도 했대. 그런데 산업 혁명을 지나면서 아이들에 대한 인식이 달라졌는데, 아이들을 사랑했다기보다 아이들이 사회적인 문제가 되지 않도록 미래의 가치 있는 노동력으로 만들기 위해 여성의 모성 신화를 만들었다는 거야. 엄마들이 모두 자식에 대한 본능 혹은 자연발생적인 애정을 지녔다고 믿게끔 만들었다는 거지. 그녀의 주장에 따르면 모성이 모든 여성에게 반드시 있는 것은 아닐 수도 있어. 유진이, 네 생각은 어때? 모성은 타고나는 걸까? 아니면 만들어진 환상일까?

작은 아씨들

루이자 메이 올콧

이 이야기에 등장하는 네 자매는 "선물도 없는 크리스마스는 크리스마스도 아냐.", "가난은 정말 지긋지긋해.", "어떤 여자애들은 예쁜 걸 잔뜩 가지고 있는데, 또 어떤 애들은 아무것도 없다니 불공평해."하고 투덜거릴 만큼 가난해. 하지만 셋째 베스가 "그래도 우리는 아버지와 엄마, 그리고 자매들이 있잖아."라고 말하자 그 말에 공감하고 감사할 줄 아는 마음 따뜻한 소녀들이기도 해.

큰 딸 메그는 투명한 피부에 부드러운 갈색 머리를 지닌 아름답고 우아한 소녀야. 약간 허영기가 있지만 집안의 처지를 잘 알아 킹 씨 댁에서 보모 겸 가정교사를 해. 둘째 조는 '소년 조'라고 불릴 만큼 활달하고 고집이 센 작가 지망생이야. 마치 할머니의 집에서 할머니를 돕는 일이 끔찍하지만 할아버지의 서재에 가득 찬 책을 읽는 즐거움에 빠져 있지. 마음먹은 일은 무엇이든 하겠다는 야망을 지닌 소녀야. 셋째 베스는 천사와 같은 존재야. 수줍음이 많지만 음악을 사랑하는 소녀지. 몸도 약하면서 불쌍한 사람들을 보면 외면하지 못하는 성격이야. 결국 봉사 활동을 나갔다가 성홍열에 걸려 자매들의 애를 태우지. 막내 에이미는 이기적이기는 해도 다재다능한 소녀야. '작은 라파엘'이라는 별명이 있을 만큼 그림 그리기를 좋아해. 마지막으로 이들의 어머니 마치 부인은 가난한데도 딸들을 정직하고 부지런하게 기르기 위해 애쓰고 어려운 이웃을 위해 봉사하지.

이들의 이웃은 부유한 노신사 로렌스 씨와 '까만 곱슬머리, 갈색 피부, 크고 새까만 눈, 잘생긴 코, 가지런한 이, 작은 손발, 남자애치고는 제법 점잖은데다 재미도 있는' 로렌스 가의 열여섯 살 소년 로리가 있어.

바로 이 로리와 메그, 조, 베스, 에이미가 함께 친구가 되어 지낸 일 년의 시간들을 기록한 내용이 바로 《작은 아씨들》이야. 선물도, 아버지도 없는 크리스마스에서 시작된 이야기는 어려운 이웃들을 돕고, 부지런히 생활한 소녀들에게 크리스마스의 기적을 보여 주면서 마무리되지. 전쟁터에서 아버지가 무사히 돌아오고, 저마다 원하던 크리스마스 선물을 받으며 메그는 로리의 가정교사인 존 브룩과 결혼을 약속하면서 말이야.

그런데 이 소녀들의 이야기는 사실 여기가 끝이 아니야. 메그, 조, 에이미의 결혼 생활을 이야기하는 《좋은 아내들》이라는 작품이 후속편으로 나오거든. 그 이후 《조의 아이들》이라는 새로운 이야기로 이어지는 한 가문의 이야기이기도 해.

로맨스의 절대 법칙,
소녀는 보호를 받아야 한다?

언니, 나 좋아하는 사람이 생겼어! 누구냐고? 이제부터 말해 줄게. 궁금해 죽겠지?

그 아이는 완전 매너남이야. 부잣집 아이인데 있는 척(!) 이런 것도 없어. 상대방이 불편해하지 않도록 배려하는 센스가 있다고나 할까? 어떻게 생겼냐고? 세.젤.잘. 갈색 피부에 까만 곱슬머리인데 크고 새까만 눈이 매력적이야. 또 열여섯 살 소년답지 않게 점잖기까지 해. 어떤 일에도 당황하는 법이 없고 연극이나 편지 쓰기 같은 일에도 빈정거리지 않아. 남자애들이 흔히 하는 놀이에는 별로 관심이 없다고 할까?(아니, 여자애들이랑 있을 때는 자기 취향 대신 상대방의 취향을 고려해 준다고 해야 할 것 같아.)

다른 사람을 배려할 줄 아는 정말 멋진 애지? 언니가 편지를 읽으며 "세상에 그런 사람이 어디 있냐! 아주 눈에 콩깍지가 제대로 씌었구나!"하는 소리가 여기까지 들리는 것 같아. 맞지? 지금 그러고 있는 거 다 알아.

그래, 언니 말이 맞아. 세상에 이런 사람은 없더라. 그럼 얘는 누구냐고? 얘는 로리야. 원래 이름은 테오도르 로렌스, 《작은 아씨들》에 나오는 로렌스가의 소년이야. '아~~' 하고 언니가 한숨 쉬는 소리가 여기까지 들리는 듯! 아니, 얼마 전에 드라마를 보는데 누가 봐도 현실에는 없는 연상연하 커플(세.젤.예 여주랑 세.젤.잘.남주)의 연애 이야기가 나왔거든? 그걸 사람들이 "현실 연애"라고 말하기에 나도 현실에는 없을 이상형을 좀 찾아봤지. 《작은 아씨들》에서 말이야. 그 책이 두껍긴 해도 메그, 조, 베스, 에이미 그리고 로리의 이야기를 내가 정말 좋아했잖아. 현실에는 없을 거라는 걸 알면서도 또 현실 어딘가에는 존재할 것 같은 이들이 나오는 이야기가 바로 《작은 아씨들》이니까 말이지.

언니, 오랜만에 이 소설을 다시 읽다 보니 메그와 조, 베스, 에이미는 개성이 너무 다른 인물이었어. 제목이 작은 아씨들(아씨가 뭐야? 지금이 무슨 조선 시대도 아니고 말이야!)이어서 그랬는지 모르겠지만 예전에는 보호받아야 하는 네 명의 소녀들로 느껴졌거든. 착하고 순하고, 예쁘고, 연약하고 뭐 그런 거 있잖아! 흔히 요즘 하는 말로 '소녀 소녀한' 이미지!

그런데 이번에 보니 메그는 허영심이 있지만 정직하고, 조는 작가가 되기 위해 노력하며 씩씩했고, 베스는 어려운 사람들을 위해 용기를 낼 줄 알고, 에이미는 이기적인 부분도 있지만 재능이 많은 소녀였어. 누군가 보살피거나 도와주지 않아도 자기 삶을 잘 살아갈 소녀들이란 말이지. 또 이 소녀들의 어머니인 마치 부인은 남편이 없어도 딸들에게 적절한 교육과 보살핌을 주는 훌륭한 어머니더라고. 그러니까 이 작품은 대다수 소설이나 영화, 드라마가 다루는 삼각관계나 애정 문제들이 없는 여자들의 이야기야.

물론 로리와 로렌스 할아버지가 나오기는 하지만 이들은 마치가의 소녀들에게 도움을 줄 뿐 애정 관계는 아니까. 또 로렌스 할아버지는 외로운 로리의 친구가 되어 준 마치가의 소녀들에게 감사해하기까지 해. 요즘 뉴스에서 흘러나오는 부자들의 갑질과는 아주 딴판이지. 그런데 바로 이 부분이 마치가의 네 소녀들 이야기에서 아쉬운 부분은 아닌가 싶기도 해. 세상에 로리는 그야말로 왕자님이었거든. 드라마 속 남자 주인공처럼 말이야.

로리는 메그가 가디너 부인의 파티에서 다리가 삐어 움직이지 못할 때 '원래 빨리 가려고 했다며' 마차를 대령했고, 모팻 부인의 집에서 남의 드레스를 입고 있던 메그에겐 어울리지 않는다며 거침없이 사실을 말하기도 했어. 수줍음이 많은 베스가 피아노를 마음대로 치러 올 수 있도록 하인들의 길목을 막고, 얼음에 빠진 에이미는 위험을 무릅쓰고 구해. 또 작가 지망생인 조가 원고를 투고했다는 걸 알고는 아낌없이 응원해. 그러니까 로리는 그야말로 마치가 네 소녀들의 해결사이자 응원군과 같은 존재야.

로리의 할아버지 로렌스 씨 역시 죽은 손녀의 피아노를 베스에게 선물하고 메그에게는 생애 첫 비단 드레스를 선물해. 자신의 저택을 아무 때나 드나들 수 있게 하면서 소녀들에게 남부럽지 않은 생활을 선사하지. 이 두 남자들의 도움이 있어서 소녀들은 아버지의 부재를 느낄 틈이 없어졌을지 몰라.

그런데 전쟁에서 돌아온 아버지의 소식 역시 로렌스 가를 통해 듣는 장면에서는 나도 모르게 "음…… 음……." 하며 혀를 찼어. 이 둘이 아니어도 행복했을 네 소녀들이 이 둘 때문에 정말 작은(!) 아씨들이 된 것만 같은 느낌이랄까? 소녀들은 어땠는지 모르겠지만 나는 이제 이 둘의 도움이 당연한 것처럼 느껴지기까지 했거든. 비록 그것이 로렌스가의 간곡한 부탁 때문에 어쩔 수 없는 것이라고 해도 말이야.

언니, 나는 메그, 조, 베스, 에이미가 모두 훌륭한 소녀라고 생각해. 완벽하진 않지만 정직하고 성실하고 다른 이들의 아픔에 공감할 줄 아는 소녀들이니까 말이야. 그런데 로리는 이 소녀들과 달랐어. 재력에 매너에 외모까지. 현실에서 찾아보기 힘든 소년이지. 그런데 나는 이런 소년들의 등장이 오히려 소녀를 더 보호받아야 하는 존재로 만드는 건 아닐까 하는 생각이 들었어. 완벽한 소년의 등장이 완벽하지 않은 소녀의 약점을 더 잘 드러나게 하는 것 같았거든.

근데 생각해 보면 요즘 드라마나 영화에도 이런 모습들은 쉽게 볼 수 있지 않아? 가난한데 예쁜 여자 주인공, 돈이 많고 잘생긴 남자 주인공의 사랑과 갈등 말이야. 또 관계나 문제를 해결하는 과정에서 로리처럼 남자들이 주인공이 되어 이끄는 경우도 많아. 또 매스컴들은 드라마나 영화 속 '예쁜' 여자 주인공을 위한 '완벽한' 남자 주인공의 행동에 많은 여성들이 설렌다고 보도하기도 해. 뭐, 아니라고는 할 수 없겠지만 어쩐지 그런 기사들을 보면 씁쓸해. 뭔가를 바라는 여성, 뭔가를 해결하는 남성으로 나뉘는 것 같아서.

나는 네 소녀들이 로리가 없었어도 행복했을 거 같은데, 언니 생각은 어때?

여자의 문제를
해결해 주려는 남자들

　나는 네가 정말 좋아하는 사람이 생겼다는 줄 알고 얼마나 궁금했는지 몰라. 그런데 《작은 아씨들》의 로리라니! 하하, 한참을 웃었지. 그런데 생각해 보니 나도 로리를 짝사랑하긴 했더라. 나도 《작은 아씨들》의 팬이니까 말이야.

　일단은 제목에 대해 먼저 이야기해 볼까? 너도 제목이 '작은 아씨들'이 뭐냐고 투덜거렸잖아. 하지만 사실 이 작품의 원래 제목은 아씨들이라는 단어와는 거리가 좀 있어. 원래 제목은 'Little Women'이야! 그러니까 아씨, 즉 'girls'들의 이야기는 아니지. 이 작품을 쓴 여성 작가 루이자 메이 알코트는 당시 로버츠 브라더스 출판사 사장에게 소녀 소설을 쓰라는 압박을 받아. 왜 소녀 소설이었냐고? 그걸 이해하려면 그때 미국의 상황을 알 필요가 있어.

　당시 미국은 전 국민을 대상으로 하는 공교육 제도가 자리 잡았고 부모들의 교육열

루이자 메이 알코트

이 높았대. 그러니까 부모들은 아이 교육을 위한 도서를 구매할 의사가 아주 높았지. 그래서 등장한 작품들이 소년 소설들이야. 소년 소설들은 주로 용감하고 진취적이며 건강한 소년을 다루거나 착하고 성실하게 순종적으로 살다가 복을 받고 성공하는 내용이었대.

이런 작품들이 성공하자 이번에는 소녀를 주인공으로 하는 소녀 소설이 등장하게 돼. 소녀가 주인공인 소설은 주로 성실하고 순종적으로 살며 노력하다 복을 받는 이야기였다고 해. 그런데 루이자 메이 알코트는 이런 순종적인 여성을 다룬 소녀 소설을 쓰기가 죽기보다 싫

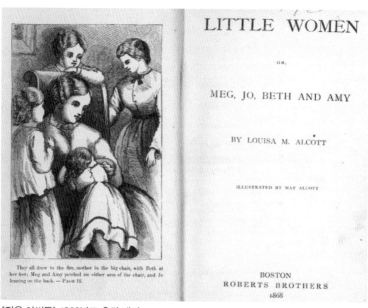

《작은 아씨들》 1868년도 출간 내지

었대. 하지만 알코트는 무능력하고 허세만 있던 아버지를 대신해 가장 역할을 해야 했어. 그래서 경제적인 압박에 어쩔 수 없이 작품을 쓰지. 그게 바로 너와 내가 모두 좋아한 《작은 아씨들》이야. 작가에게 미안했던 출판사 사장이 제목으로 'Little Women'을 제안하고 알코트는 이 제목을 무척 마음에 들어 했다고 해. 그러니까 '아씨들'이라는 말이 주는 순종적이고 보호받아야 할 것 같은 연약한 이미지들은 알코트의 의도와는 거리가 멀다고 봐야 하겠지? 알코트 역시 여성이 당당하게 살아가는 이야기를 쓰고 싶어 했으니까.

작품 속 시대적인 배경은 남북전쟁 중이지만 실제 작품이 쓰인 시기와 출판 시기는 1868년으로 전쟁이 끝난 후야. 1865년에 링컨 대통령이 남북전쟁의 종전을 선언했고 두 번째 임기가 시작되었지. 하지만 링컨은 곧 암살을 당하고 말아. 임기를 이어 받은 앤드류 존슨의 부패, 전쟁 이후 경제적인 어려움을 위로해 줄 무언가가 필요한 시기이기도 했어. 그때 바로 전쟁 중에도 꿋꿋하고 열심히 그리고 서로 사랑하며 살아가는 《작은 아씨들》이 출간된 거야. 그야말로 강추위에 떨고 있는 사람들에게 건네진 핫팩 같은 작품이랄까? 사람들의 마음을 녹인 이 소설은 기차 안에서 물건을 파는 상인들이 여행객들에게 팔 정도로 인기가 많았다고 해.

하지만 네가 말한 대로 '로리'는 이 작품에서 신의 한 수이자 아쉬운 부분이기도 해. 네 말처럼 로리가 있어 네 자매의 삶에 활력이 생긴 것은 맞지만, 네 자매가 보호받거나 도움을 받는 존재들로 비춰지기도 하니까 말이야.

하지만 당시 전쟁터로 떠난 남성들의 입장에서 본다면 어땠을까? 그들은 자신이 떠난 가정을 도와줄 누군가 있다면 얼마나 좋을까 하고 생각하지 않았을까? 그리고 만약 그런 존재가 로리라면 또 얼마나 안심되겠니? 그러니까 로리의 등장은 사실 시대적으로 필요한 부분이기도 했을 거야. 물론 이런 생각의 바탕에는 '남자들은 여자를 보호해야 한다'라든지 '남자들은 문제를 해결해야 한다'와 같은 생각이 깔려 있지.

> **여자의 문제를 왜 남자가 해결해 줄까?**

네가 말한 것처럼 여전히 많은 미디어에서 이런 생각이 깔린 콘텐츠들을 생산해. 책을 포함해서 드라마나 영화, 웹툰 등 우리가 쉽게 접하는 많은 매체들은 남성이 여성을 보호하거나 여성이 해결하지 못한 문제들을 남성이 대신 해결하기도 해. "오빠가 가르쳐 줄게.", "오빠가 도와줄게.", "오빠가 지켜 줄게." 등으로 대표할 수 있는 생각들이야. 이런 생각들을 일컬어 '맨스플레인'이라고 해. 설명하는 행동, 즉 '플레인'의 주체가 맨(Man), 남자들이 되는 거지.

그리고 이런 과정들을 반복해서 겪다 보니, 남성도 여성도 이런 모습들을 당연하게 받아들이기도 해. 네가 《작은 아씨들》을 읽으며 보았을 다정다감하면서도 용기 있는 로리의 모습들 역시 이런 학습의 결과들일지도 몰라. 조에게 선물을 하고 싶어서 진실게임을 하고, 말도 없이 나타나 메그에게 꽃을 보내는 행동, 얼음에 빠진 에이미를 향해 두려움 없이 다가서는 로리의 모습에서 많은 소녀 팬들은 설렜을 거야. 동시에 로리와 같은 사람에 대한 환상을 품었을지도 모르지. 반대로 소년들은 로리처럼 행동해야 한다는 믿음(혹은 부담)을 가지게 되었을지도 모르고 말이야. 그러니까 내 말은, 로리의 등장만이 아니라 마치가의 소녀들의 행동 역시 여자와 남자는 어떠해야 한다는 젠더에 대한 믿음에서 크게 벗어나지 못했다는 거야. 그리고 그 믿음은 어느 날 갑자기 생긴 게 아니라 아주 오랜 시간에 걸쳐 생겨났다는 거지.

그렇기 때문에 작은 아씨들 중에서 작가 지망생인 조는 눈에 띌 수밖에 없었어. 작가는 조에게 '활달, 씩씩, 야망'과 같이 소년들에게나 사용되던 표현들을 함께 사용해. '소년 조'라는 별명 역시 당시 사람들이 기대하던 여성의 모습과 다르다는 차별적인 표현일지도 몰라. 하지만 어쩌면 이런 조야말로 순종적인 여성상을 죽기보다 그리기 싫어했던 알코트가 가장 말해 주고 싶은 여성의 모습은 아니었을까? 사과 대여섯 개를 들고 다락방 창가에서 햇살을 환히 맞으며 책을 읽고 글을 쓰고 혼자만의 공상과 시간에 빠져들던 조의 모습 말이야.

자, 마지막으로 하나만 물을게. '활달, 씩씩, 야망'과 같은 말들을 들으면 넌 지금 소년과 소녀 중에 누가 생각나니? 소녀도 소년도 아닌 사람이 생각나길 바라면서 이번 편지는 마무리할게.

p.s.
세상을 이해하기 위해 우리가 알아야 할
맨스플레인

맨스플레인(mansplain)은 '남자'를 의미하는 man과 '설명하다'를 뜻하는 explain이 결합하여 만들어진 단어야. 미국의 시사 잡지 〈디 애틀란틱〉의 릴리 로스먼은 2012년 맨스플레인의 문화적인 역사를 설명하는 기고문에서 맨스플레인을 흔히 남자가 여자에게, 설명을 듣는 사람이 설명을 하는 사람보다 많이 알고 있다는 사실을 무시하고 설명하는 것이라고 말했어. 그런데 남성들이 여성에게 설명하려고 들고 가르치려 하는 행동에 무슨 문제가 있을까? 그건 바로 이런 행동들이 여성이 남성에 비해 지적으로 무지할 것이라는 편견을 강화하고 여성의 침묵을 강요하는 행동과 관련 있기 때문이야. 우리 속담에 "암탉이 울면 집안이 망한다."처럼 여성이 자기 목소리를 내는 것에 대해 부정적으로 평가하잖아? 그러니까 아주 오랫동안 여성은 침묵을 강요받았고, 남성은 집안 혹은 사회에서 자기 목소리를 내고 설명하는 주체로서 살아온 셈이야. 또 어떤 여성이 더 많이 알고 그것을 드러낼 때 대화에서 그 여성을 배제하거나 아는 척하는 사람으로 취급해 버리기 때문에 여성이 어쩔 수 없이 침묵하게 되는 일도 있어. 이때의 침묵은 여성이 남성에게 순종적이기를 바라는 사회적 압력이자 폭력이지. 이 단어는 2010년 〈뉴욕 타임즈〉에서 선정한 '올해의 단어'로 2014년에는 온라인 옥스퍼드 사전에도 등재되었어.

선녀와 나무꾼

아주 먼 옛날에 홀어머니를 모시고 살던 나무꾼이 있었지. 가난한 형편이었지만 착하고 효심이 지극한 나무꾼은 매일 나무를 베어다 팔았어. 그날도 나무꾼은 깊은 산속에서 나무를 베고 있었지.

툭툭, 쾅쾅하고 나무 베는 소리가 산에 울려 퍼질 때 사슴 한 마리가 달려오더니 "저 좀 살려 주세요. 사냥꾼이 쫓아오고 있어요."라고 애원하지 뭐야. 나무꾼이 높이 쌓은 나뭇더미 속에 사슴을 숨겨 주었어. 곧 사냥꾼이 나타나 물었지.

"혹시 여기를 지나던 사슴 한 마리 보지 못했소?"

"아, 저쪽으로 달아나던걸요."

나무꾼은 손가락으로 엉뚱한 곳을 가리켰고 사냥꾼은 나무꾼이 가리킨 방향으로 부리나케 뛰어갔어. 나무꾼 덕분에 목숨을 구한 사슴은 감사해하며 이렇게 말해.

"저기 산을 돌아 나가면 하늘에서 선녀들이 내려와 목욕하는 연못이 있어요. 나무꾼님은 숨어 있다가 선녀가 목욕하는 동안 날개옷 하나를 감추세요. 그러면 하늘로 돌아가지 못하는 선녀가 있을 거예요. 그 선녀를 집으로 데리고 가 보살피면 곧 나무꾼님의 아내가 될 거예요. 그런데 절대 잊으시면 안 되는 게 하나 있어요! 아이 셋을 나을 때까지는 절대 날개옷을 보여 주시면 안 된다는 거예요."

사슴은 이 말을 남기고 사라졌지.

나무꾼은 혹시나 하는 마음으로 사슴이 말한 연못으로 찾아가 둥근 달이 뜰 때까지 기다렸어. 그런데 정말 선녀들이 목욕을 하러 하늘에서 내려오지 뭐야. 나무꾼은 사슴의 말처럼 선녀들이 목욕하는 사이 날개옷 하나를 훔쳤어. 날개옷을 도둑맞은 막내 선녀가 어찌해야 할지 몰라 울고만 있자 나무꾼은 집으로 데려와 선녀를 보살폈어. 선녀는 사슴의 말처럼 나무꾼의 아내가 되었지.

나무꾼과 선녀는 몇 년이 흘러 아이 둘을 얻었어. 아내가 된 선녀는 이제 아이를 둘이나 두었으니 제발 날개옷을 보여 달라고 사정했어. 마음이 약해진 나무꾼은 날개옷을 꺼냈지. 그랬더니 아내는 날개옷을 입고 두 아이의 손을 잡고 훨훨 하늘로 올라갔어.

혼자 남겨진 나무꾼이 슬픔에 하루하루를 보내고 있었어. 그런데 예전 그 사슴이 다시 나무꾼을 찾아왔어. 사슴은 선녀들이 목욕을 하던 그 연못에 선녀 대신 두레박이 내려온다는 사실을 알려 주었어. 나무꾼은 연못으로 가 하늘에서 내려온 두레박에 몸을 숨겼고 하늘로 올라가 아내와 아이들을 만났어. 하지만 사랑하는 아내와 아이들을 만났지만 땅에 혼자 남은 어머니를 걱정하느라 나무꾼은 애가 탔어. 이를 알게 된 아내가 나무꾼에게 천마 한 마리를 내주었어. 선녀는 나무꾼에게 천마를 타고 가 어머니를 만나되, 무슨 일이 있어도 말에서 내려 땅을 밟지 말라고 당부하지.

나무꾼은 땅을 밟지 않겠다고 약속했고 지상에 와 어머니를 만나. 오랜만에 만난 아들이 반가웠던 어머니는 평소 아들이 좋아하는 팥죽을 끓여 주었어. 아들은 팥죽이 너무 뜨거운 탓에 먹다가 말 등에 흘렸는데 이 때문에 말이 놀라 뛰었고 나무꾼은 땅바닥에 떨어지고 말지. 나무꾼이 급히 일어나 다시 말에 타려 했지만 말은 이미 하늘로 올라간 뒤였어. 하늘로 못 가게 된 나무꾼은 그 자리에서 닭이 되었고 아침마다 하늘을 향해 울부짖었대.

아이 셋을 낳을 때까지는
비밀로 하라고?

질외사정, 콘돔, 루프, 피임약….

갑자기 이게 무슨 소리냐고? 오늘 학교에서 성교육을 받았거든. 예전에 받은 성교육을 떠올려 보면 "안 돼요! 싫어요! 하지 마세요!"라고 외치라고 하거나 서로 건드리지 말라고만 강조했는데, 오늘 받은 성교육은 매우 현실(?)적이었어. 섹스의 방법이 아니라 피임의 방법과 필요성에 대해서도 배웠거든. 서로 부끄러워하면서도 그 어느 때보다 집중도가 높았어. 사실 나도 그랬고 말이야.

선생님께서는 우리에게 콘돔을 하나씩 나눠 주면서 사용법도 알려 주셨어. 벌건 대낮에 교탁 위에 남성 성기 모형이 '딱!' 하니 놓여 있는 게 낯설기만 했어. 지금까지 성교육 시간에는 여성의 질과 자궁의 단면 모형만 봤거든. 선생님께서 콘돔 사용법을 설명하며 직접 해볼 사람이 있냐고 물으셨을 때는 아주 소리를 지르고 난리도 아니었지. 다들 "꺄악~~ 어떻게 해요!!"라고 말하면서도 사실은 직접 해보고 싶은 마음도 조금씩 있는 것 같았어.

그런데 말이야, 언니. 피임에 대해 배우면서 문득 이상한 느낌이 들었어. 섹스는 남녀가 함께하는데 피임과 임신은 주로 여자애들한테 더 많은 책임을 묻는 것 같았거든. 왜냐고? 배운 바에 따르면, 남자들이 피임을 할 수 있는 방법은 매우 간단했어. (콘돔 사용!!) 이렇게 간단한 방법이 있는데도 여성들의 피임 방법이 매우 다양하다는 게 잘 이해되지 않았어. '간단하고 편리하고 심지어 안전하기까지 한 방법이 있는데 왜 여성들의 피임 도구가 필요한 거지?'하며 의아했거든. 선생님은 원하지 않은 임신을 위해 여성들은 루프라는 장치를 몸 안에 삽입하거나 매일 같은 시간에 하루도 빠짐없이 피임약을 복용하는 방법도 있다고 말씀하셨어. 하지만 남성들을 위한 피임약은 여전히 연구 중이라고 하시더라고.

여러 가지 기술적이고 의학적인 문제들이 있겠지만 여성을 위한 것은 있는데 남성을 위한 것은 없다니 이상하잖아! 또 원하지 않게 임신을 했을 경우에 치명적으로 영향을 받는 이는 여성이야! 또 우리나라에서 낙태는 불법이라서 낙태를 하려면 안전이 보장되지 않는 곳을 찾아야 할 뿐 아니라 값비싼 비용도 지불해야 하지. 육체적, 심리적 고통은 남성보다 여성이 더 많을 거야. 그런데 왜 피임에 대해 여성이 더 많이 책임져야 하는 거야?

그러다 번뜩 머릿속을 스쳐간 동화가 있었어. 바로 '선녀와 나무꾼'이야. 처음엔 아이 셋을 낳을 때까지 날개옷을 내어 주면 안 된다는 사슴의 이야기가 떠올라서 '자기가 뭔데 주네 마네야.'하고 짜증을 냈어.

그런데 좀 더 생각해 보니, 날개옷보다 더 중요한 것은 아이 셋을 낳아야 한다는 부분이 아니었나 싶어. 사슴의 이 말에서 임신과 출산의 과정에 선녀의 의견은 전혀 없어 보였거든. 임신과 출산을 하는 주체이자 가장 힘든 사람은 바로 선녀인데 말이야. 사슴은 선녀가 날아가지 않을 방법을 알려 준 것이지만 임신과 출산에 여성이 배제되는 이 장면에 나는 혼자 씩씩거렸다니까. 그런데도 이 동화가 아이들을 위한 전래동화로 여전히 읽히고 있다니, 이해가 안 돼! 조금 찾아보니까 나무꾼이 선녀의 옷을 훔친 것은 절도다. 목욕하는 것을 몰래 지켜본 것은 성추행이라는 오늘날의 해석이 있기는 해. 하지만 여전히 착한 일은 하면 복을 받는다는 교훈을 담은 이야기로 읽히는 것 같았어.

더구나 선녀와 나무꾼을 검색해 봤더니 엄청나게 많은 아동용 애니메이션, 전래동화책이 검색되고 종종 음식점 상호나 유명 관광지의 이름으로도 쓰이더라고. 가장 충격적인 검색 결과는 2017년에 선녀와 나무꾼 선발대회가 있었다는 거야! 정식 명칭은 '숲사랑 홍보대사 선발대회'였는데 이 홍보대사를 일컬어 선녀와 나무꾼으로 불렀어. 이 대회에서는 9명의 선녀와 3명의 나무꾼이 뽑혔는데. 완전 어이상실. 도대체 선녀와 나무꾼이 사람들의 머릿속에는 어떻게 기억되고 있는 걸까?

더구나 나무꾼이 사슴을 구해 주었다는 이유로 선녀와 결혼하게 된 것을 복이라고 본다면 이 동화는 너무나 남성의 입장에서만 쓰이고 읽히고 전해진 것 같다는 생각이 들었어. 선녀와 결혼한 나무꾼의 입장에서야 당연히 복이었겠지만 선녀의 입장에서는 알지도 못하는 나무꾼과 살아야 하는 게 고통스럽지 않았을까? 그러니까 선녀의 마음은 안중에도 없는 이야기인 셈이지.

그럼에도 선녀는 아이 둘을 낳고 집안일을 하고 홀어머니를 모시며 살아. 무려 옥황상제의 딸임에도 불구하고 현실에 저항하지 않고 순종해. 선녀이든 아니든 여자는 무조건 그래야만 하는 것처럼 말이야. 날개옷을 받자마자 두 아이를 데리고 하늘로 올라간 선녀의 마음이 이해된다니까!

언니, 나는 오늘 섹스와 피임에 대해 배우면서 선녀와 나무꾼의 불평등한 관계를 떠올렸어. 섹스는 사랑의 행위이자 남녀의 가장 친밀한 표현이라는데 이런 불평등한 관계에서 이루어진다면 그건 사랑이 아니라 폭력이지 않을까?

'여자의 몸'은 왜
여자의 것이 아닐까?

　그래, 유진아. 섹스는 임신과 출산을 위한 과정이 아니라 사랑을 속삭이는 사람들 사이의 가장 친밀한 행위 중 하나지. 하지만 섹스가 아니어도 친밀한 행위는 얼마든지 있으니, 서로의 마음을 확인하는 최종 단계가 섹스라고 오해하지는 않았으면 좋겠어. 그런데 이제 십 대인 너와 이런 이야기를 하다니! 언니도 참, 어색한걸. 왠지 남녀 간 이런 관계는 숨겨야만 할 것 같고, 아무도 가르쳐 주지 않아도 어둠(?)의 세계를 통해 스스로 알아가는 것이라 생각했거든. 정말 세상이 조금씩 달라지고 있나 봐. 네가 학교에서 받았다는 성교육 내용에 언니도 사실 깜짝 놀랐어!

　네가 오늘 배웠다는 피임은 임신만큼이나 중요한 문제야. 사랑한다고 해서 모두 아이를 원하는 게 아니고 사랑한다고 해서 또 모두 아이를 가져야 하는 것도 아니지. 하지만 종종 사람들은 "피임도 안 하고 뭐했냐?"나 "결혼한 지 얼마나 됐는데 왜 아직도 임신 안 했어?"처럼 지극히 개인적인 일임에도 다른 사람들의 임신이나 피임에 대해 함부로 이야기하는 경향이 있어. 아마도 이것은 여성의 임신을 개인의 문제로만 보지 않는 사회적인 인식이 있기 때문일 거야. "아이를 낳아서 애국해야지"와 같은 농담(?)들 역시 사람들이 출산을 개인의 일로 인식하지 않아서 할 수 있는 표현이야. 나와 상관없는 많은 사람들이 나의 몸, 여성의 몸에 대해서 왈가왈부하기도 하지.

피임은 어쩔 수 없이 임신, 출산, 낙태의 문제들과 연결될 수밖에 없어. 이 과정에도 다른 사람들의 압력이 있지. 지금은 조금 나아졌다고 볼 수도 있지만 과거에 가문을 이어야 한다는 이유로 아들을 선호하던 남아선호사상이 임신에 가해진 대표적인 사회 압력의 예이지. 또 저출산이 사회적인 문제가 되면서 출산을 장려하는 여러 정책들이 나오고 있어. 그중 2016년 행정안전자치부에서는 대한민국 출산 지도라는 이름으로 각 시도별 가임기 여성의 인구수를 표기했다가 항의를 받고 하루 만에 삭제하기도 했어. 이 출산 지도는 특정 연령의 여성을 가임 여성으로 가정하는 것, 출산의 문제를 단지 여성에게 전가하는 것, 또 여성을 출산의 수단으로만 생각했다는 점 등이 고스란히 나타나 탁상행정이라는 비난을 면치 못했어. 임신과 출산은 여성이 당연히 해야 하는 일이자 국가의 관리 대상이 된 셈이야.

임신은 여자 혼자 하는 것이 아닌데도

이제 임신의 문제와 필연적으로 연관된 낙태 문제에 대해 이야기해보자. 우선 우리나라 낙태 실태 조사를 찾아봤어. 2005년과 2011년

두 번에 걸친 조사밖에 없더라고. 그것도 4000명 대상인 표본조사였어.(조사조차 하지 않는 거야!) 그럼에도 불구하고 2011년 보건복지부 조사에 따르면 우리나라의 낙태, 즉 인공 임신중절률은 15.8%였어. 15세부터 44세까지를 가임기 여성으로 본다면 여성 1000명당 낙태가 15.8건, 한 해에 약 17만 건의 인공 임신중절이 이루어지는 셈이야. 당연히 조사되지 않은 내용까지 합친다면 훨씬 많겠지.

하지만 우리나라는 형법 269조, 270조를 통해 낙태를 법으로 금지하는 국가야. 낙태를 실시한 여성이나 이를 시행한 의료진이 처벌의 대상이지. 하지만 임신에 함께 참여한 남성에 대한 처벌 규정은 어디에도 없어. 태아의 생명권을 오로지 여성의 몫으로 남겨 둔 거야. 하지만 인공 임신중절이 완전히 금지는 아니야. 모자보건법 제 14조는 예외적인 규정을 두어 임신중절을 허용하고 있거든. 유전학적으로 정신질환이나 신체질환이 있는 경우, 강간과 같은 폭력으로 인한 임신, 전염성 질환이 있는 경우 등에는 배우자(그러니까 남성)의 동의를 구해 낙태를 허용하고 있어. 남성은 낙태로 인한 처벌에서는 제외되고 합법적인 낙태를 위해서는 동의를 받아야 하는 대상이지.

문제는 여전히 남아 있어. 교제를 하던 연인과 헤어진 후에 임신했다는 걸 알게 된 경우는 어떻게 하지? 헤어진 연인을 찾아가 인공 임신중절을 위해 동의를 부탁해야 할까? 이혼 혹은 이혼 소송 중인 남편의 아이를 임신했다면? 혹은 남편(혹은 남친)의 폭력에 의해 어쩔 수 없이 임신되었다면? 임신의 과정에 참여한 남성은 임신중절을 위해 "동의"할 수 있지만 여성이 임신중절을 위해 스스로 결정할 수 있는 권리는 하나도 없는 거야. 물론 낙태는 윤리적인 문제와 맞물려 있어 간단한 문제는 아니야. 이제 막 수정이 된 태아와 3개월이 지난 태아, 6개월이 지난 태아, 출산이 임박한 태아를 모두 같은 무게로 말하기는 어렵지. 하지만 그 이전에 인공 임신중절 수술을 불법으로 명시하는 것은 가임기 여성을 수치로 나타낸 것과 마찬가지로 여성의 몸을 국가가 제한하고 있다는 걸 뜻해.

인공 임신중절을 허용하는 유럽 여러 나라들과 달리 우리나라는 2012년 낙태죄와 관련하여 헌법재판소에서 합헌이라는 판결을 내렸어. 이때 헌법재판소 결정문에는 "태아의 생명권이 여성의 자기결정권보다 공익에 해당되는 것이라는 이유와, 임산부가 낙태하는 것 자체를 처벌하는 자기 낙태죄와 관련해 낙태를 처벌하지 않거나 형벌보다 가벼운 제재를 가하게 된다면 현재보다도 훨씬 더 낙태가 만연하게 될 것"이라고 밝히고 있어. 하지만 어떤 여성이 단지 제재가 약하다는 이유로 위험과 고통을 감수하면서 임신중절을 선택할지는 잘 모르겠어. 2017년에 낙태죄 폐지에 대한 청원이 23만 명이 넘으면서 조국 민정 수석이 여성에게만 책임을 묻는 현행법을 점검하고, 2018년에는 인공 임신중절 실태조사를 다시 실시하겠다고 말했어. 오늘날 대한민국에서 낙태법은 여전히 진행 중인 매우 민감한 사안인 거야.

성교육 시간에서 시작한 너의 편지는 피임과 낙태를 지나 선녀와 나무꾼 이야기에 이르렀지. 선녀와 나무꾼이라니! 언니도 가끔 고개를 갸웃했지만 어디가 이상한지 알 수 없었던 이야기였지. 그런데 네 편지를 읽고 나니, 언니도 남성의 편에서만 이 동화를 읽었던 건 아닌지 반성하게 되더라.

유진이 네 말처럼 거짓으로 가득차고 한쪽이 다른 한쪽을 억압할 수 있는 권력을 지닌 관계라면 평등한 사랑의 행위는 일어날 수 없어. 선녀가 남편을 선택하고 아이를 출산하는 과정은 전혀 평등하지 않지. 선녀는 그 무엇도 스스로 선택할 수 없었거든. 우선은 상대방을 결정할 수 있는 의사도 없었고 아이를 얼마나 낳을지 의논할 수도 없었지. 옷이 없어 나무꾼을 따라가야만 했고, 사슴이 남긴 말을 따라 셋을 낳아야 하는 존재였으니까 말이야. 반면 나무꾼은 허락 없이 선

녀를 훔쳐보았고 결혼이라는 자신의 목적을 위해 도둑질도 했어. 남편은 아이 셋을 낳을 때까지 날개옷을 깊은 곳에 숨겨 두려고 했지.

하지만 나무꾼의 횡재라고 할 수밖에 없는 이 일은 나무꾼이 모든 것을 잃으면서 끝이 나. 언뜻 보면 네 말처럼 자신을 구해 준 나무꾼에게 은혜를 갚은 사슴 이야기처럼 들리지만 사실 사슴이 조심하라고 한 내용이나 아내의 당부를 잊은 남편은 자신에게 찾아온 복을 끝까지 지키지는 못하거든. 그럼 이 이야기의 진짜 주제는 무얼까? 정직하지 못한 방법으로 받은 복은 오래가지 못한다는 것 아닐까?

이 이야기가 전해진 아주 오랜 시간 동안 여성에게 아이를 몇 명 낳고 싶냐(아니, 아이를 낳고 싶으냐)고 묻는 것이 더 이상한 일이었을지 모르지. '어떻게 여자가 애를 낳고 말고를 결정해' 하면서 말이야. 하지만 오늘을 사는 우리가 과거의 이야기를 그대로 받아들여야 할 이유는 없지 않을까? 이제 이 이야기는 은혜를 갚은 사슴 대신, 아무 말도 못하던 선녀의 입장에서 다시 봐야 하지 않을까 싶어. 선녀와 나무꾼은 출발부터 잘못되었어. 그나마 다행인 것은 폭력이라 말할 수 있는 이야기가 선녀와 나무꾼이 '하늘나라에서 오래오래 행복하게 살았답니다'로 끝나지 않았다는 거야. 나무꾼의 폭력은 하늘을 향해 우는 닭으로 결말이 났으니 말이지. 그렇다면 이제 이 동화를 '착한 일을 하면 복을 받는다'가 아니라 '자신의 욕심을 위해 남을 속이면 가진 모든 것을 잃을 수도 있다'로 읽어 보도록 하자.

형법 269조 (낙태)

① 부녀가 약물 기타 방법으로 낙태한 때에는 1년 이하의 징역 또는 200만 원 이하의 벌금에 처한다.〈개정 1995.12.29〉

② 부녀의 촉탁 또는 승낙을 받아 낙태하게 한 자도 제1항의 형과 같다.〈개정 1995.12.29〉

③ 제2항의 죄를 범하여 부녀를 상해에 이르게 한 때에는 3년 이하의 징역에 처한다. 사망에 이르게 한 때에는 7년 이하의 징역에 처한다.〈개정 1995.12.29〉

모자보건법

제14조 (인공임신중절수술의 허용한계)

① 의사는 다음 각호의 1에 해당되는 경우에 한하여 본인과 배우자(사실상의 혼인관계에 있는 자를 포함한다. 이하 같다)의 동의를 얻어 인공임신중절수술을 할 수 있다.

　1. 1. 본인 또는 배우자가 대통령령이 정하는 우생학적 또는 유전학적 정신장애나 신체질환이 있는 경우

　1. 2. 본인 또는 배우자가 대통령령이 정하는 전염성 질환이 있는 경우

　1. 3. 강간 또는 준강간에 의하여 임신된 경우

　1. 4. 법률상 혼인할 수 없는 혈족 또는 인척간에 임신된 경우

　1. 5. 임신의 지속이 보건 의학적 이유로 모체의 건강을 심히 해하고 있거나 해할 우려가 있는 경우

국민청원 23만 명에 답한
조국 전 민정 수석의 답변이 궁금하다면,
https://youtu.be/kaq9_yTSEso

빨간 구두

한스 크리스티안 안데르센

옛날 어느 마을에 신발이 없을 정도로 가난한 카렌이라는 예쁜 소녀가 살았어. 카렌을 불쌍하게 여긴 한 구두장이 노파는 낡고 붉은 천으로 신발을 만들어 주었어. 그날은 엄마의 장례식 날이었고 카렌에겐 다른 구두가 없었기 때문에 구두장이가 선물해 준 빨간 구두를 신고 초라한 관을 따라 걸었어. 그런데 때마침 지나가던 호화로운 마차가 멈추더니 한 노파가 내려 카렌을 데려다 키우겠다고 해.

카렌은 노파를 따라가 새 옷을 입고 글쓰기, 바느질을 배웠고 사람들에게 예쁘다는 소리를 들었지. 하지만 카렌의 거울은 이렇게 말했어. "넌 예쁜 정도가 아니라 아름다워!"라고.

어느 날 사람들은 공주를 데리고 여행길에 나선 여왕을 구경하기 위해 길거리로 모였어. 하지만 카렌의 눈에는 고급 가죽으로 지은 화려한 빨간 구두를 신은 공주만 보였지. 카렌은 자신에게 생긴 놀라운 변화도 빨간 구두 덕분이라고 여겨 왔는데 공주의 빨간 구두를 보자 세상에 빨간 구두만큼 좋은 것은 없다고 생각했지.

카렌이 세례를 받을 나이가 되자 노파는 카렌에게 구두를 고르게 했어. 카렌은 예전에 공주가 신은 것과 똑같은 빨간 구두를 골랐어. 눈이 어두웠던 노파는 구두의 색을 알지 못했어. 세례식 날, 빨간 구두를 신은 카렌이 교회의 통로를 걸었고 모든 사람들이 빨간 구두에서 눈을 떼지 못했어. 카렌 역시 세례식 내내 빨간 구두만 생각했고 말이야. 오후가 되자 사람들에게 카렌의 빨간 구두 이야기를 들은 노파는 앞으로 빨간 구두 대신 낡은 검은 구두를 신으라고 했어.

햇살이 화창한 어느 날이었어. 카렌은 노파의 말을 듣지 않고 빨간 구두를 신고 교회에 가고 있었어. 그런데 목발을 짚은 붉은 수염의 사나이가 "거참, 아름다운 무용화로군. 춤출 때 구두가 꼭 붙어 있기를."이라고 말하곤 구두 굽을 톡톡 두드렸어. 또 카렌이 예배를 마치고 나오자, 그 붉은 수염은 다시 한 번 이렇게 외쳤어. "저 아름다운 무용화를 좀 보게!"하고 말이야. 신기한 것은 이 소리에 카렌이 자신도 모르게 춤을 추게 되었다는 거야. 그리고 그 춤은 스스로 멈출 수 없었지. 노파가 신을 벗기자 겨우 진정되었고 노파는 구두를 찬장 위에 넣어 두었어.

얼마 지나지 않아 노파는 병이 들었고 누군가 돌봐 주어야 했어. 그런데 카렌은 시내에서 열리는 큰 무도회에 너무나 가고 싶었지. 잠깐이면 된다고 생각한 카렌은 노파가 찬장 뒤에 둔 빨간 구두를 신고 무도회장에 가지. 무도회장에서 카렌은 춤을 추었는데, 어찌된 일인지 한번 시작된 춤이 멈춰지지 않는 거야. 카렌은 언덕과 골짜기를 넘어 밤낮없이 춤을 추다 자신의 집을 지났어. 그리고 집에서 꽃으로 뒤덮인 관이 실려 나오는 걸 보았어. 카렌이 돌아오지 않는 사이에 노파가 그만 돌아가신 거야. 노파의 죽음에 카렌은 너무 슬펐지만 신발은 여전히 벗겨지지 않았어.

그러다 사형집행인의 집 앞에 다다랐을 때 카렌은 그에게 발목을 잘라 달라고 부탁해. 집행인이 카렌의 두 발을 잘라 내자 구두는 춤을 추며 들판을 가로질러 사라졌어. 이후 카렌은 목사의 집에서 사려

깊은 태도로 성실하게 일했어. 카렌은 목사의 아이들이 아름다운 주름 치장과 장식이 예쁜 옷을 차려입는 이야기를 할 때마다 고개를 저었어.

다음 주 일요일, 가족들이 교회에 간 사이에 작고 좁은 외딴방에서 카렌이 눈물을 흘리며 "도와주세요. 하느님!"이라고 기도하자 하늘에서 흰 옷을 입은 천사가 나타났어. 천사의 도움으로 카렌은 어느새 교회에 도착했어. 사람들은 더 이상 빨간 구두에 관해 묻지 않았고 카렌의 가슴은 햇빛과 평화, 기쁨으로 가득 차올랐어.

아름답기를 바라면서
'아름다움을 탐하는 것'은 안 된다?

언니, 나 ○○파운데이션 샀당! 지난번에 언니가 준 용돈으로 샀는데 그걸 샀다고 엄마한테 엄청 혼났잖아. 무슨 고딩이 화장이냐며, 화장할 시간에 공부나 하라고 완전 잔소리 대박! 그래서 나는 어떻게 했냐고?

어떻게 하기는! 엄마한테 요즘 화장 안 하고 다니는 애들이 어디 있냐고 대들었다가 더 혼났지 뭐. 결국엔 죄송하다며 사과하고 다음부터는 엄마랑 같이 화장품을 사러 가기로 하면서 아름답게 화해(?)했어. ㅋㅋ

엄마랑 화해하긴 했지만 정말 대한민국 여자 고딩 중에 화장 안 하는 애들은 거의 없다고 생각해. 진하게 하느냐 연하게 하느냐 차이지. 우리 학교만 해도 화장을 하나도 안 하는 애들은 반에 한두 명도 안 될걸! 나는 정말 안 하는 편인데 엄마는 진짜 아무것도 모른다니까! 애들이 필통은 안 들고 와도 파우치는 꼭 들고 다니는데 말이야. 파우치 안에는 다양한 종류의 펜슬, 아이섀도, 뷰러, 립스틱, 여러 종류의 파데까지 없는 것 빼곤 다 들어 있지. 그 화장품들이야말로 아침에 없던 눈썹과 쌍꺼풀을 만들고 평평한 얼굴에 볼륨까지 만드는 기적의 아이템들이야. 그런데! 파데만 하고 입술만 바르는 나를 못마땅해하는 건 정말 너무한 거 아니야?

우리 반 코덕 정희를 보자면 화장품에 대해선 모르는 게 없어. 화장품 브랜드, 가격은 기본이고 종류별 장단점까지 줄줄 꿰고 있어. 화장도 정말 잘하는데 아침에 올 때랑 집에 갈 때는 다른 사람이 된다고. (거의 변신 수준이야.) 아! 근데 언니, 코덕이 뭔 줄은 알지? 혹시 모르니 알려 줄게. 코덕은 코스메틱 덕후의 줄임말이야. 다른 말로 하자면 화장품 전문가! 하지만 모두가 코덕 정희를 환영하는 건 아니야. 어떤 선생님들은 정희의 두툼한 파우치를 못마땅해하시고 또 어떤 선생님들은 신기하게 생각하셔. 또 어떤 애들은 그럴 돈이 있으면 다른 걸 산다며 화장품을 사는 돈을 아까워해. 어떤 애들은 정희의 화장품 정보와 기술을 알고 싶어 해. 나는 정희에게 주로 정보를 얻는 쪽이지. 이번에 산 파운데이션도 건성인 내 피부에 촉촉하게 잘 스며들 거라고 정희가 추천해 줬거든. (실제로 발라 보니 잘 발리고 오랫동안 들뜨지도 않아 좋더라고.^^) 기왕에 바르는 거 예쁘면 좋잖아! 안 그래?

그런 의미로 안데르센의 《빨간 구두》 이야기는 정말 짜증이 확 났어!! 엄마한테 파운데이션 때문에 혼나고 방에 들어와 있는데 이 책이 눈에 띄어서 읽었거든. 근데 읽다가 화가 나서 혼자 씩씩거렸어. 더구나 잘린 발이 신고 있는 빨간 구두가 춤을 추며 사라지는 장면은 웬만한 호러물보다 더 섬뜩했다니까.

물론 나도 이 이야기가 권선징악, 개과천선, 인과응보 같은 교훈을 담았다는 건 알고 있어. 카렌이 엄마마저 죽고 오갈 데 없는 자신을 데려다 키운 노파를 돌보지 않은 건 분명 잘못한 거니까 말이야. 하지만 빨간 구두가 제멋대로 춤을 추지 않았다면 시내에서 열린 무도회에 갔다가 빨리 돌아와서 노파를 돌볼 수 있지 않았을까? 또 공주의 빨간 구두는 괜찮고 카렌의 구두만 문제가 되는 것은 왠지 불공평하다는 생각이 들었어. 이건 마치 공주는 되지만 가난한 카렌은 예쁘고 싶은 욕망마저 품으면 안 된다고 이야기를 하는 것 같잖아!

또 목사네 집에서 일하는 카렌이 아름다운 주름 치장과 장식이 예쁜 옷을 차려입는 이야기를 하는 아이들에게 고개를 젓는 장면. 그 장면은 검소함을 강조하기 위한 것이겠지만 나는 검소함을 강요하는 장면처럼 보였어. 아이들인데 당연히 예쁜 걸 좋아할 수 있지 않아? 그런 마음마저 품으면 안 된다고 하는 건 너무한 거 아닐까?

만약에 카렌이 예쁘지 않았다면, 그리고 빨간 구두로 시선을 끌지 않았다면, 엄마의 장례식 행렬 중에 호화로운 마차를 탄 노파가 카렌 앞에 섰을까? 또 노파가 카렌을 데려다 보살피겠다고 했을까? 솔직히 나는 아니었을 것 같거든. 누더기 같은 옷을 걸치고 있어도 눈길을 끈 카렌의 아름다움이 마차를 멈춰서게 한 것 같다는 거야. 더구나 사람들이 예쁘다고 칭찬하는 것 역시 카렌에겐 계속 예뻐야 할 이유가 되었을 것 같아. 카렌은 어린 나이에 부모를 잃었지만 예쁘다는 이유로 노파가 거두어 주었잖아. 그런 카렌 입장에서 예쁘지 않다는 것은 보살핌을 받을 이유가 사라지는 것과 마찬가지가 아니었을까?

그런데 사람들은 이런 카렌을 나쁘게 생각해. 예쁜 건, 아니 더 예쁘게 꾸미려고 하는 건 가난한 소녀에게는 어울리지 않는 행동이고 감히 공주의 삶을 꿈꾼다는 것은 허용할 수 없는 것이었을 테니 말이야. 실은 내가 가장 기분이 좋지 않았던 것도 이 부분이었던 것 같아. 가난한 소녀가 아름다움을 탐하면 안 된다고 생각하는 것. 그리고 소녀의 마음을 허영이라고 단정 짓는 것 말이야. 소녀가 다른 이들보다 더 뛰어난 미적 감각을 지녔을 수도 있고 빨간 구두가 행운을 가져다주리라는 기대 때문만은 아니었을지도 모르는데 말이야.

그러다 반대로 가난한 소년이 빨간 구두를 신었다면 어떻게 되었을까? 그때도 구두는 멈추지 않고 계속 춤을 추었을까? 소년의 빨간 구두 역시 허영의 상징이 되었을까? 혹시 이야기에 나오는 목발을 짚은 붉은 수염의 사내도 소녀처럼 탐하면 안 되는 아름다움을 탐하다 그렇게 된 걸까? 안데르센이 말하지 않은 이야기는 무엇이었을까?

허영과 아름다움을 가르는 기준은 대체 누가 정한 걸까?

입에 발린 소리처럼 들리겠지만, 유진이 너는 지금 그 나이대로 참 아름다운 시기여서 굳이 더 뽀얀 피부를 위해 파운데이션을 바를 필요는 없을 것 같아. 물론 화장을 하면 좀 더 예뻐 보인다고 생각할 수는 있겠지. 하지만 피부에 좋다는 유명 화장품들이야 많은 돈을 내고 살 수 있지만 지금 너의 나이는 어떤 돈으로도 살 수 없는 싱그러운 때라는 것을 잊지 않았으면 좋겠어. 언니의 이 말도 엄마의 잔소리처럼 들리지? 고개를 흔들며 '언니도 어쩔 수 없는 어른이야!'라고 생각할 네 얼굴이 보이는 듯하다.

네 편지를 읽고 흔히 말하는 '외모지상주의'에 대해 생각해 봤어. 많은 사람들이 외모를 지나치게 가꾸는 것에 대해 비난하지만 사실 보이지 않는 내면을 가지고 승부하기 위해서는 많은 시간이 필요해. 그래서 가장 먼저 드러나는 외모를 소홀히 하기는 어렵지. 그러니까 무조건 외모를 신경 쓰지 말라고 하는 건 사실 외모마저도 스펙이라고 말하는 요즘 사회와는 맞지 않는 셈이야.

하지만 무려 150년은 족히 넘는 과거에는 지금과 좀 달랐어. 분수

마르틴 루터

에 맞지 않게 자신을 꾸미고 돋보이려고 하는 것에 좋지 않은 시선을 보냈거든. 사람들이 왜 이런 생각을 했는지 알기 위해서는 1517년 독일의 루터가 일으킨 종교 개혁을 알아둘 필요가 있어.

다들 알다시피 당시 로마 가톨릭은 천국에 들어갈 수 있는 면죄부를 팔았어. 면죄부는 그동안 한 나쁜 짓도 모두 용서받을 수 있는 표였지. 누가 봐도 말이 되지 않았지만 로마 가톨릭의 권세가 워낙 세서 아무도 그들에게 맞서지 못했어. 그러다 1517년 10월 31일, 마르틴 루터가 비텐베르크 성(城) 교회의 정문에 라틴어로 된 95개에 이르는 반박문을 내걸었어. 바로 이 루터에서 시작된 개혁을 종교개혁이라 해. 그에 의해 가톨릭에서 분리해 새롭게 나온 종교를 신교(혹은 루터교)라고 불렀어.

1526년에 즉위한 덴마크의 크리스티안 3세가 바로 이 루터교를 받아들여 국교로 삼아. 물질에 눈이 멀어서 면죄부까지 팔았던 로마 가톨릭에 반해 루터교는 검소하고 경건한 삶을 가장 큰 미덕으로 여겼지. 그래서 덴마크 사람들에게 검소함은 아주 당연한 덕목이었을 거야.

안데르센은 이런 생각이 당연한 시절인 1805년 덴마크에서 태어났어. 그런 시대에 빨간 구두를 신고 무도회에 나가는 예쁜 소녀를 사람들은 쉽게 받아들이기 어려웠을 거야. 실제로 어떤 사람이 소녀의 빨간 구두를 칭찬하고 함께 신었다면 그 사람 역시 소녀와 같은 비난을 받게 되었을 거야.

덴마크 크리스티안 3세

더구나 "넌 예쁜 정도가 아니라 아름다워!"라는 거울의 말은 카렌의 속마음이자 카렌을 허영의 상징으로 만들었지. 하지만 언니는 이 이야기를 그때의 덴마크 사람 입장에서 읽고 싶진 않아. 만약 그때만의 이야기였다면 오늘을 사는 전 세계 많은 어린이들이 읽을 필요는 없을 테니까. 그러니까 우리가 사는 이 순간에 네가 기분이 나빴다는 그 지점에서 보려고 해.

예뻐지고 싶은 마음에도 자격을 따지다니

유진이 네가 가난한 소녀가 아름다움을 욕망하는 것을 허영이라고 단정 짓는 게 기분 나쁘다고 했잖아. 그래. 가난해도, 또 소녀여도 아름답고 싶을 수 있으니 그런 의문과 생각이 당연하다고 생각해. 아마 네가 조금 더 기분이 나빴던 건 지금 겪은 엄마와의 갈등 탓도 있을 거야. 고등학생이니 외모에 신경 쓰지 말라고 엄마가 얘기했으니 말이야. 그러니까 네 의문을 다른 말로 표현하면 '아름다움을 욕망할 수 있는 자격이나 조건이 따로 있을까?'라는 질문으로 바꿀 수도 있겠다. 물론 그런 자격은 없을 거야. 다만 여기서 문제가 된 것은 카렌이 아름답게 보이려고 했던 대상이 당시 사람들이 중요하게 생각했던 '신'이 아니라는 거지.

교회에 나가 하나님의 말씀을 듣고 경건한 삶을 살지 않고 카렌은 겉모습에 신경을 썼어. 사람들은 이런 카렌이 벌을 받는 게 마땅하다고 생각했을 거야. 마찬가지로 유진이 너도 누구를 위해 아름다워지려고 하는지를 깊게 생각했으면 좋겠어. 언니가 예전에 말한 대상화라는 말 기억나? 네가 화장을 하는 이유가 단지 너의 욕망인지, 남들이 만든 기준에 너를 맞추려는 것인지 잘 생각해 봐. 만일 누군가의 기준에 따른 거라면 그 기준에 너를 맞출 필요는 없으니까 말이지.

하지만 세상의 기준을 무시하는 건 사실 참 어려워. 화장이라는 단순한 일조차 내가 원하는 것인지, 사회가 나에게 하라고 강요한 건지 알기 어렵거든. 언니는 조금만 진한 화장을 하면 피부가 엉망이 되기 때문에 거의 화장을 하지 않아. 고등학교까지는 전혀 문제가 되지 않았는데 대학에 들어가니, 내가 화장을 안 하는 게 이상해 보였나 봐. 그렇게 화장을 하지 말라던 어른들도 "대학생인데 왜 꾸미지도 않니?"라고 말했어. 마치 당연히 성인 여성은 화장을 해야만 하는 것처럼 말이야.

또 진한 화장을 하면 "무슨 화장을 이렇게 진하게 하고 다녀?"와 같은 말을 듣곤 해. 만약 과한 화장이나 액세서리, 화려한 복장을 한다면 모르는 사람들의 따가운 시선을 받을 수도 있어. 카렌의 빨간 구두에 사람들이 보낸 시선처럼 말이야. 그러니까 오늘날의 여성들은 '적당히는' 예뻐야 하지만 지나치면 150년 전과 마찬가지로 허영심에 들뜬 존재로 취급받을 수 있어. 그럼 교회에서 카렌의 빨간 구두를 노파에게 일러바친 사람들처럼 오늘날의 여성들을 적당히 예쁜 것으로 평가하거나 혹은 허영 덩어리로 평가하는 사람들은 누굴까? 그리고 평가의 기준은 무엇일까?

오늘도 길거리를 지나며 나와 상관없는 사람들을 보고 '예쁘다, 별로다'를 평가한 너와 나를 포함한 수많은 사람들이 카렌의 빨간 구두를 일러바친 교회의 사람들과 같은 존재들일 거야. 심한 경우에는 '쟤들이 저렇게 입고 다니니까 욕을 먹는다. 저런 쓸데없는 것을 사느라 돈 다 쓴다.' 같은 말도 하지. 그런데 '예쁜, 별로'의 기준은 누구지? 우리는 그 기준을 어디에서 얻었지? 허영심을 왜 여성과 연결짓게 되었지? 이런 생각들을 하다 보면 오늘도 접하는 각종 매체들을 째려보지 않을 수 없어.

도대체 그 매체들이 보여 주는 예쁜 이미지들은 어디서에서 온 것일까? 그것은 아주 오래된 남성 중심의 사회에 있지 않을까? 남성들이 정치를 논하고 지식을 구하는 동안, 여성은 남성의 소유물, 성적 대상, 동등하지 않은 조력자로서 수다나 떨고 쇼핑하는 존재로 곧잘 표현되었잖아. 그런 사회에서 여성은 그냥 처음부터 쇼핑과 치장 등을 좋아하는 존재로 여겨진 거지.

다시 말해 여자라서 문제가 되는 이유는 평가의 기준이 남성이기 때문이야! 예를 들어 남성들이 여러 벌의 옷으로 잘 차려입으면 패션 감각이 있다고 칭찬하지만 여성들이 이런 경우에는 "또 옷 샀어?"와 같은 질문을 피하기 쉽지 않아. 이렇게 남성은 되지만 여성은 안 되는 경우가 생기는 거야.

네가 물은 '만약 소년이 빨간 구두를 탐냈다면 그 구두가 춤을 추었을까?'는 아까 말한 남성과 여성에 대한 서로 다른 기준과 반응을 이해하기 위해 꼭 필요한 질문이야. 만일 소년이었어도 이야기가 달라지지 않는다면 문제되지 않겠지만 소년이어서 이야기가 달라진다면 그건 소년과 소녀에게 서로 다른 기준이 적용되었다는 뜻이니까. 즉 소년과 소녀의 기준이 다른 '이중 잣대'를 이야기에서 찾을 수 있겠지.

그럼 이제 동화의 주인공이 소녀가 아니고 소년이었다면 어땠을지 상상해 볼까? 소년의 발이 잘리고 목사네 가족의 집에서 허드렛일을 하는 장면이 상상해 보면 돼. 만약 이런 이야기였다면 당시 사람들이 쉽게 공감했을까? 지금 너는 어때? 만약 소년보다는 소녀가 더 자연스럽다고 느낀다면 이미 너도 이중 잣대로 소년과 소녀를 바라보고 있다는 의미야. 허영은 소년이 아니라 소녀의 것이라고 생각하는 이중 잣대지.

또한 카렌의 구두에 "거참, 아름다운 무용화로군. 춤출 때 구두가 꼭 붙어 있기를."이라는 저주와 가까운 말을 한 붉은 수염의 사내는 왜 목발을 짚고 있었을까? 카렌과 같은 이유였을지도 모르지만 그 사나이는 이야기의 주인공이 되지 못했어. 안데르센은 그 사나이가 발을 잃은 사연은 말해 주지 않았거든. 또 그런 까닭에 붉은 수염의 사내가 카렌처럼 허영으로 발을 잃었을지 모른다는 생각도 할 수 없게 되었어. 마치 사내는 허영과는 무관한 것처럼 말이지. 언니도 너에게 질문을 하나 하며 마칠게. 유진아, 네가 생각하기에 카렌의 빨간 구두

가 문제일까? 아니면 빨간 구두를 보는 사람들의 서로 다른 기준이 문제였을까?

p.s.
세상을 이해하기 위해 우리가 알아야 할
이중 잣대

언니의 마지막 질문을 고쳐서 '오늘날을 사는 여성들이 문제일까? 아니면 여성을 보는 잣대가 문제일까?'하고 물어볼게. 유진이 너는 어떻게 생각할지 모르겠지만 언니는 남성과 여성을 바라보는 잣대 즉, 기준은 다른 것 같아. 한 상황에 대해 서로 다른 기준들을 이중 잣대라고 하는데 이것은 성별뿐 아니라 나이, 국적, 학력 등에 따라 비슷한 상황을 불공평하게 바꿀 수 있어. 예를 들어 볼까? 미래에 대해 남성은 멋진 성공을 꿈꾸지만 여성은 가족과 함께 있는 자신을 그리는 걸 당연하게 생각해. 소년들은 무조건 총과 칼을 좋아할 거라고 생각하고 소녀들은 인형놀이를 좋아할 거라고 생각하는 건 성별에 따른 이중 잣대의 예야.

이런 이중 잣대는 왜 문제가 될까? 그건 법 앞에서 모든 인간은 평등하다는 말에서 시작해야 할 것 같아. 법 앞에서 모든 인간이 평등하다는 것은 모든 인간에게 적용되는 기준이 같아야 한다는 것을 의미해. 그런데 이중 잣대가 있다는 건 모든 인간이 평등하지 않다는 뜻이 잖아? 그러니까 성별에 따른 이중 잣대는 곧 남성과 여성이 평등하지 않다는 걸 뜻하는 거야.

자, 그럼 어떻게 이중 잣대를 구분할 수 있을까? 단지 남성과 여성의 자리를 바꾸어 보는 것만으로도 쉽게 찾아낼 수 있어. 만약 둘을 바꾸었을 때 어색하다면 그건 아주 오랫동안 관습처럼 굳어진 이중 잣대들인 거야. 남성과 여성이기 이전에 같은 인간에게 서로 다른 기준을 댄다는 건 이상한 일 아닐까? 그건 달라져야 할 일이지 않을까? 그럼 어떻게 바꾸냐고? 바로 지금 그 잣대들을 찾아내는 일부터 시작해야 해. 성별뿐 아니라 학력, 인종, 국가 모든 종류에서의 이중 잣대를 예민하게 찾아내는 일부터 시작하자!

오즈의 마법사

라이먼 프랭크 바움

　오즈는 에메랄드 시를 다스리는 위대한 마법사야. 그의 나라 동서 남북으로는 마녀들이 다스리고 있었는데 동쪽과 서쪽의 마녀는 나빴고 남쪽과 북쪽의 마녀들은 착했어. 그런데 어느 날, 나쁜 마녀가 다스리던 동쪽 나라에 쿵 하고 집 한 채가 떨어지더니 문을 열고 소녀와 강아지가 나왔어. 소녀와 강아지의 이름은 도로시와 토토야. 이 둘은 캔자스의 초원에 불어닥친 잿빛 회오리바람을 피하지 못해 집과 함께 바람에 떠다니다 이곳까지 온 거야.

　도로시의 집이 동쪽 나라 마녀 위로 떨어지는 바람에 마녀가 죽자 그곳에 살던 먼치킨들은 도로시가 마법사라고 생각해. 하지만 도로시는 캔자스로 돌아가고 싶은 평범한 소녀였어. 그러나 누구도 캔자스가 어디인지, 어떻게 가야 하는지 몰랐어.

　때마침 도로시를 보기 위해 찾아온 북쪽 나라 마녀는 위대한 마법사 오즈에게 부탁하면 방법을 알려 줄지도 모른다며 도로시에게 바닥에 깔린 노란색 길을 따라가라고 해. 북쪽 나라 마녀의 입맞춤을 받은 도로시는 동쪽 나라의 마녀가 신던 은구두를 신고 오즈를 찾아 여행을 떠나.

　은구두를 신고 노란색 벽돌길을 따라 걷던 도로시는 허수아비, 양철 나무꾼, 사자를 만났고 함께 오즈에게 가기로 해. 이들은 모두 자신이 갖지 못한 것을 오즈가 줄 수 있다고 믿었거든. 도로시는 집으로 돌아갈 방법을, 허수아비는 지혜로운 사람이 되기 위해 뇌를, 양철 나무꾼은 사랑할 수 있는 심장을, 겁쟁이 사자는 용기를 달라고 오즈에게 부탁할 작정이었어.

하지만 오즈를 찾아가는 길이 쉽지만은 않았어. 넓은 강이 그들을 가로막았고 기막힌 향의 양귀비가 그들을 잠재웠어. 어려움이 생길 때마다 허수아비는 지혜를 냈고 양철 나무꾼은 작은 생명들마저도 해치지 않으려고 조심했으며 겁쟁이 사자는 용기를 내어 위험에 맞섰어. 이렇게 서로 도우며 위대한 마법사 오즈를 만나게 되었지만 오즈는 아무런 대가 없이 도와줄 수 없다며 서쪽 나라의 나쁜 마녀를 없애고 돌아오라고 해.

서쪽 나라 마녀는 자신의 나라로 오는 이들을 발견하고 잡아 왔지만 북쪽 나라 마녀의 입맞춤을 받은 도로시를 함부로 해칠 수는 없었어. 그래서 마녀는 도로시에게 갖은 일들을 시키며 괴롭혔어. 그녀의 은구두를 훔치려고 눈에 보이지 않는 쇠막대를 여기저기 놓아두었어. 도로시가 막대에 걸려 넘어지자 마녀는 잽싸게 신발 한 짝을 훔쳐 갔는데 도로시는 그만 너무 화가 나 바로 옆의 양동이 물을 마녀에게 끼얹었어. 그런데 어쩐 일인지 머리부터 발끝까지 젖은 마녀가 점점 녹아 사라지는 거야! 물에 약한 마녀가 사라지자 서쪽 나라에 살던 윙카들은 자유를 찾았어. 허수아비, 양철 나무꾼, 사자, 도로시는 또다시 위기를 넘겼어.

이들은 다시 오즈를 만났지. 하지만 막상 만난 오즈는 위대한 마법사가 아니라 오마하에서 태어나 기구를 타고 어쩌다 이곳까지 온 평범한 사람이었어. 모두 실망했지만 오즈가 이들의 소원을 들어주지 못한 건 아니야. 오즈는 허수아비에게 왕겨 뇌를 넣어 주었고 양철 나무꾼에게는 비단에 톱밥을 넣어 만든 예쁜 심장을, 겁쟁이 사자에겐 용기를 준다는 초록 약을 마시게 했어. 그러자 이들은 정말 지혜와 사랑, 용기를 얻었다고 믿었어.

   이제 오즈는 에메랄드 시를 허수아비에게 맡기고 커다란 기구를 타고 도로시와 함께 이곳을 떠나려고 해. 기구가 완성된 날, 오즈가 기구를 타고 하늘로 둥둥 올랐지만 도로시는 강아지 토토가 사라져 찾느라 그만 떠나지 못해. 실망한 도로시와 친구들은 남쪽 나라의 착한 마녀 글린다가 도와줄지도 모른다는 얘기에 다시 길을 떠나. 또다시 위험을 만나지만 이들은 힘을 모았고 남쪽 나라의 마녀 글린다는 도로시가 신은 은구두의 비밀을 알려 주었지. 도로시는 구두의 뒤꿈치를 탁탁탁 세 번 두드려 캔자스의 헨리 아저씨와 엠 아주머니에게로 돌아갔어. 허수아비는 에메랄드 시의 왕이, 양철 나무꾼은 서쪽 마녀와 살던 윙카들의 왕이, 사자는 남쪽 마녀를 만나러 오던 길에 만난 동물들의 왕이 되었다고 해.

왕자가
나오지 않는 이야기

언니, 나는 오늘도 동화책을 읽고 있어. 엄마는 다 큰 애가 무슨 동화책이냐고 하지만 나는 동화 속 신비로운 공간이 좋고, 동화에 숨겨진 이야기를 찾는 일도 좋아. 물론 가장 좋은 것은 동화책을 삐딱하게 읽어 보고 언니와 이야기를 나누는 일이고 말이야. 언니는 나의 삐딱함에 대해 "무슨 애가 그렇게 예민하니?"라든지, "원래 그런 거야. 너무 신경 쓰지 마" 같은 말 대신 무심히 지나쳤던 문제들에 대해 짚어 주잖아. 언니와 편지를 주고받으면서 성별에 따른 차별이나 편견에 얼마나 무심했는지도 알게 되었어. 그런 의미로 나 기특하지?

지난주에는 오즈의 마법사를 읽었는데 다 읽고 나서 무슨 생각을 했는지 알아?

'어! 왕자님이 나오지 않는다!'였어. 도로시는 갑자기 불어닥친 회오리바람에 살던 곳을 잃어버렸고, 고아인 자신을 돌봐 준 헨리 아저씨와 엠 아주머니와도 헤어졌어. 정말이지, 어려운 처지인 소녀인데도 아무도 구하러 오지 않아. 오히려 도로시는 노란 벽돌길을 걸으며 자신에게 생긴 문제를 직접 해결하려고 하지. 더구나 길을 가다 만난 허수아비, 양철 나무꾼, 겁쟁이 사자에게 함께 가지 않겠냐고 묻기까지 해. 캔자스 주에 살던 도로시의 입장에서 먼치킨뿐 아니라 길을 가다 만난 이들 모두 낯선 존재들이었을 텐데. 그녀는 아무 편견 없이 그들이 처한 어려움에 공감해 주었어.

또 도로시, 허수아비, 양철 나무꾼, 겁쟁이 사자는 원하는 바가 달랐지만 서로의 문제를 함께 해결하려고 했고 자신도 모르는 사이에 그야말로 어벤져스가 되었어. 에메랄드 시에 가는 동안 어려움도 힘을 합쳐 해결했고 나쁜 마녀까지 모두 물리치잖아! 분명 혼자였다면 못했을 일들을 함께하면서 원하던 것들까지도 모두 갖게 돼. 다들 너무 멋지다는 생각에 오랜만에 삐딱함을 버렸다니까!!

삐딱함을 버린 대신 나는 이 책의 제목에 대해서 한참 생각해 보았어. 《오즈의 마법사》라는 제목이 솔직히 마음에 안 들었거든! '아니, 오즈가 왜 주인공이지?', '에메랄드 시의 마법사가 오즈니까 에메랄드 시의 마법사라고 하든지 아니면 마법사 오즈라고 해야 하는 거 아닌가?', '오즈가 진짜 마법사이기는 한가?'하는 의심까지 하면서 생각해 봤거든. 게다가 오즈는 마법사가 아니라 사기꾼이라고도 할 수 있잖아! 물론 보기에 따라서 오즈는 정말 위대한 마법사이기도 하지만.

왜 이렇게 생각했냐고? 우선 오즈는 서커스를 하던 날 줄이 꼬이는 바람에 열기구를 타고 이상한 기류를 따라 에메랄드 시에 왔어. 구름에서 내려온 오즈를 사람들이 위대한 마법사로 착각했는데 오즈는 사실을 밝히지 않고 사람들이 그렇게 믿도록 내버려 두어. 오즈가 사람들이 자신을 무시무시한 존재라고 생각하게 만든 것은 거짓이니까 그는 사기꾼이지. 하지만 위대한 마법사도 하기 힘든 일, 즉 사람들이 행복하게 살게 만드는 일을 해내는 걸 보면 오즈가 정말 마법사일지 모른다는 생각도 드는 거야. 마찬가지로 허수아비, 양철 나무꾼, 겁쟁이 사자에게 뇌, 심장, 용기라며 주는 것도 모두 거짓이지만 그들로 하여금 정말 그렇게 믿게 만들어. 이 역시 오즈가 사기꾼인지 마법사인지 헷갈리게 만드는 부분이야. (아니, 이렇게 거짓을 진실인 것으로 믿게 만들었으니 진정한 의미의 사기꾼인 건가? ㅋㅋ) 아무튼 이런 생각을 하다 혹시나 하는 마음에 영어 제목이 다른 건 아닐까 싶었어. 그래서 영어책 제목도 찾아봤는데 역시 'The Wizard of Oz'였어. 그래서 이런 궁금증이 다시 생겼지. '그럼 오즈의 마법사는 누구지?'

'도로시, 허수아비, 양철 나무꾼, 겁쟁이 사자였을까?'하고 생각해봤지만, 오즈의 마법은 이들이 오기 전부터 있었으니 이들만은 아닐 것 같았어. 그럼 오즈를 마법사로 만들어 준 진정한 마법사는 누구였을까? 아마도 오즈가 가짜 뇌와 심장, 용기가 난다는 초록색 약병을 건넨 뒤 하는 말에서 그 답을 찾을 수 있지 않을까.

"다들 할 수 없다고 생각하는 일을 이렇게 하게 만드니 어떻게 내가 사기꾼이 안 되겠어? 허수아비와 사자와 나무꾼을 행복하게 해주는 건 쉬웠어. 내가 무슨 일이든 해낼 수 있다고 모두 믿었으니까."

_《오즈의 마법사》(라이언 프랭크 바움 지음, 인디고)에서

그래, 오즈를 마법사로 만들어 준 것은 '오즈가 무슨 일이든 해낼 수 있다'고 믿은 모두였던 거야! 마찬가지로 무슨 일이든 해낼 수 있다고 믿으면 모두 마법과 같은 기적을 만들 수 있다는 생각도 들었지. 그러니까 《오즈의 마법사》라는 제목은 마치 오즈가 주인공인 척 말하지만 사실은 그가 아니라 도로시와 친구들, 그리고 오즈를 위대하다고 믿은 모두가 주인공이라고 말하는 거지. 모두가 주인공인 책이라니!

우리는 당연하다는 듯이 주인공이 누군지 따지며 살아. 영화, 드라마, 웹툰, 소설 등에서의 주인공뿐 아니라 지금 내가 사는 이 시대의 주인공도 찾으려고 하고, 자신을 누군가를 위한 조연이라고도 쉽게 생각해. 아마도 그건 내 시선이 아니라 다른 사람의 눈으로 자신을 바라보기 때문이지 않을까? 시선을 옮겨서 나의 입장에서 세상을 바라본다면 우리는 저마다 주인공으로 자기 삶을 오롯이 감당하며 살아갈 수 있을 거라고 생각하거든.

이제 편지를 마무리해 볼까 해. 매번 언니에게 어떻게 생각하냐고 물으며 끝났는데 오늘은 아니야. 이렇게 내 생각을 말하면서 끝낼 거거든. 다른 사람의 생각을 묻는 것도 좋지만 주인공인 내 생각을 가지는 일도 필요하니까 말이야! 언니, 늘 내 이야기에 귀 기울여 줘서 고마워. 언니 역시도 언니 삶의 주인공인 거 잊지 않았으면 좋겠어. 하핫. 그럼 주인공이 주인공에게 보내는 답장을 기다리고 있을게. 사랑해!

 ## '그동안 당연하다고 믿어 왔던 것'을 다시 생각해 본다면

Somewhere over the rainbow way up high.

There's a land that I've heard of once in a lullaby.

Somewhere over the rainbow skies are blue.

And the dreams that you dare to dream really do come true.

무지개 너머 아주 높은 어딘가

언젠가 자장가에서 들어 보았을 그런 곳이 있어요.

무지개 너머 어딘가 하늘은 푸르고

네가 꿈꾸었던 꿈들이 정말로 이루어지는 곳이 있어요.

지금도 많은 가수들이 부르는 노래 'Over the rainbow'는 영화 '오즈의 마법사'에서 도로시역을 맡은 주디 갈랜드(Judy Garland)가 부른 노래야. 노래에 따르면 무지개 너머 아주 높은 어딘가에는 파랑새가 하늘을 날고, 꿈꿔 온 모든 것이 이루어지고 모든 어려움이 레몬즙처럼 녹아내리고, 서로에게 사랑한다는 인사를 나눌 수 있는 아름답고 평화로운 곳이 있대. 어쩌면 그곳은 이야기 속 마법사 오즈가 살고 있던 에메랄드 시일지도 모르겠다.

하지만 완벽하다는 에메랄드 시의 사람들은 복화술사인 오즈가 위대한 마법사라고 착각하고 있었어. 더구나 초록색 알의 안경을 씌워서 세상을 온통 초록색으로 착각하는데도 진실을 알아채지 못하는 사람들이 사는 그곳이 도로시가 부른 노래의 'Somewhere(어딘가)'는 아닐 것 같아. 그럼 마녀가 다스린다는 동서남북의 나라들이었을까? 글쎄, 잘 모르겠어. 다만 바로 그 어딘가가 우리가 지금 살고 있는 이곳이었으면 좋겠다는 생각을 해.

사실, 이번 편지를 받으며 언니는 깜짝 놀랐단다. 유진이가 《오즈의 마법사》를 읽으며 우리 모두가 주인공인 멋진 소설이라고 한 것도 놀랐고, 네가 다양한 시선으로 세상을 바라보게 된 것 같아서도 놀랐

《오즈의 마법사》 1편 표지

어. 우리는 동화에서 당시 역사를 읽었고, 오늘까지도 여전한 사람들의 편견을 읽어 냈어. 그러면서 왜 그토록 오랜 시간 동안 사람들의 생각이 변할 수 없었는지에 대해서도 이야기를 나누었지.

동화는 사람들이 흔히 말하듯 아이들이 읽는 쉬운 이야기가 아니라 아이들이 처음으로 접하는

놀라운 세상이야. 그러니까 동화는 '세상을 보는 첫 시선'을 가르쳐 주는 소중한 이야기인 거야. 하지만 너와 내가 이야기를 나눈 것처럼 너무나 유명하고 익숙한 동화들

골드 바

이 공평하지 않은 시선으로 세상을 바라보도록 만들기도 해. 그래서 안타깝기도 하고 다시 읽어 내야 할 필요성도 있지.

사실 《오즈의 마법사》는 당시 미국의 화폐 제도로 해석하는 시각도 있어. 노란색의 벽돌길이 금을, 도로시가 신었던 구두가 은을 상징하는 것으로 보고 당시 미국의 금본위제에 대한 비판으로도 읽어.

1960년대 중반 미국의 고등학교 교사였던 헨리 리틀필드가 역사학 학술지에 《오즈의 마법사》의 서사 구조를 기고했어. 그가 쓴 이 글이 어린이를 위한 동화를, 정치적 우화가 담긴 이야기로 바꾸어 냈지.

1896년, 《오즈의 마법사》가 발표되기 4년 전에 제닝스 브라이언이라는 정치가가 금과 은 모두를 화폐로 인정해야 한다는 주장을 펼쳤거든. 무슨 말이냐고?

너도 알다시피 미국은 콜럼버스의 항해로 발견된 대륙이야. 미국은 1776년 독립을 선언할 때까지 영국의 식민지였어. 그래서 미국 사회의 역사는 그리 길지 않아. 그러다 보니 미국의 골칫거리 중 하나는 화폐를 만들고 공급하는 일이었어. 왜냐하면 화폐를 만들어 사용할

제닝스 브라이언

본위 은화로 널리 유통된 멕시코 달러
1768년 발행된 포토시 은화

만한 귀금속(금과 은)이 부족했거든. 더구나 보유한 금만큼만 화폐를 찍어 낼 수 있었는데 금 생산량이 안정적이지 않던 시절이다 보니, 화폐를 찍어 내는 양도 한정되었던 거지. 그래서 금이 아니라 은도 화폐로 인정하자고 제닝스 브라이언이 금은복본위제도를 주장했어.

하지만 그의 주장은 많은 사람들의 지지를 이끌어 내지 못했어. 과거와 같이 금만 화폐로 인정받는 금본위제가 유지되었지. 그런데 그 당시에 누구도 겪어 보지 못했던 글로벌 불황이 세계를 덮쳤어. 은화를 추방하고, 금화만을 인정하자니 곧장 화폐량이 부족해졌지. 한정된 화폐로 거래가 이루어지자 돈이 물건보다 귀해지는 디플레이션이 생겼어. 물가의 부담은 커졌지.

그런데 만약 은화를 사용할 수 있었다면 어땠을까? 아마 물가가 안정되고 삶도 나아졌을 거야. 은구두를 이용하면 캔자스로 돌아갈 수 있다고 말하는 남쪽 나라 착한 마녀의 말은 곧 은화의 필요성을 역설

한 거라고 해석되는 거지. 물론 작가가 그런 정치적 우화를 쓰려고 했는지는 알 수 없어. 다만 미국의 화폐 문제는 이 소설이 쓰인 시대를 관통하는 중요한 문제였으니 이런 해석이 잘못되었다고 말하기는 어려워. 그저 이 멋진 소설을 정치적 우화로만 읽지는 않았으면 해.

이런 배경지식과는 무관하게 네가 읽어 낸 오즈의 마법사도 매력적인 이야기라고 생각해. 오즈를 마법사로 만든 마법사, 오즈의 마법사를 찾아내는 일은 우리가 행복해지는 길과 맞닿은 듯하거든. 네 말대로 '무엇이든 할 수 있다'고 믿으면 마법과 같은 기적이 일어날 수도 있으니까 말이야. 하지만 한 가지 주의할 것이 있어. 단지 믿기만 하고 아무것도 하지 않으면 이뤄지지 않을 거야. 도로시와 허수아비, 양

철 나무꾼과 겁쟁이 사자는 자신이 할 수 있다고 믿었고 수많은 어려움에 도전하고 이겨 나가. 그것이 바로 우리가 마법을 일으키는 비결이지 않을까 싶어. 우리 모두가 주인공이 되는 세상, 나를 다른 사람의 기준과 시선에서 평가하지 않는 세상, 생김새를 비롯한 개인의 특징이 차별과 편견의 기준이 되지 않는 세상, 바로 그곳이 도로시가 노래한 Somewhere는 아닐까?

오즈의 마법사를 시작하며 작가인 라이먼 프랭크 바움은 이 책에 대한 헌사를 이렇게 시작해.

좋은 친구이자 동반자인 아내에게 이 책을 바칩니다.

라이먼 프랭크 바움

그의 아내인 모드 게이지가 《여성 참정권의 역사》, 《여성, 교회, 국가》를 펴낸 마틸다 게이지의 딸이었다는 점에서 라이먼 프랭크 바움은 '페미니즘'의 영향을 받았을 거라고 추측하게 돼. 그래서 이 소설에 왕자가 등장하지 않고 도로시 스스로 문제를 해결하기 위해 겪는 모험을 페미니즘으로 해석하기도 해. 사실 작가가 무엇을 드러내려고 했는지 지금 우리는 정확하게 알기 힘들어. 다만 상상해 볼 뿐이고 지금을 사는 우리의 시선으로 다시 읽어 볼 뿐이지.

언니는 너와 오랜 시간 편지를 주고받으며 동화를 페미니즘의 시선에서 보려고 노력했어. 동화는 두 개의 성으로 분리된 남성과 여성이 정해진 역할을 하는 경우가 많거든. 언니는 네가 단지 성별로 정해진 역할이 있는지 의심해 보길 바랐지. 언니도 이제 편지를 마무리해 보려고 해. 프랑스의 학자이자, 페미니즘의 어머니라고도 불리는 시몬 드 보부아르의 말을 빌려 마무리할게. 우리가 보고, 듣고, 느껴야 할 것이 무엇인지 생각해 보길 바라.

"지금 중요한 것은 감성을 회복하는 것이다. 우리는 더 잘 보고, 더 잘 듣고, 더 잘 느끼는 법을 배워야 한다."

p.s.
세상을 이해하기 위해 우리가 알아야 할
페미니즘

'100명의 페미니스트가 있다면 100개의 페미니즘이 있다'는 말을 들어 본 적 있니? 이 말은 페미니즘이라는 것이 사람에 따라 얼마나 다양하고 또 다른 의미를 가질 수 있는지를 말해 주는 문구야. 페미니즘을 두고 남혐을 위한 프레임 정도로 이해한다면 그건 이해가 아니라 오해라는 걸 먼저 말해 주고 싶어. 페미니즘은 인류의 출현, 역사, 오늘의 시대와 무관하게 존재하는 게 아니야. 쉽게 말할 수 없는 것이지만 굳이 표현하자면 오랫동안 당연시 되어 온 생각들, 굳어진 관습과 관념들에 대한 도전이라고 할 수 있어. 이때의 대상은 남성 혹은 여성으로 나뉠 수 있겠지만 단지 성별의 문제를 넘어 인종, 계급, 계층, 장애의 유무 역시도 페미니즘이 다루고 주목해 온 영역들임을 잊지 않았으면 좋겠어. 구체적으로는 함께 먹고 함께 살아가기 위한 노동, 임금, 육아, 가사 등의 영역에서 차별이나 편견이 없는지를 살펴보고 바로잡기 위한 운동을 하기도 해. 이렇게 읽어 보니, 페미니즘은 이상하거나 어려운 것이 아니지? 함께 잘 살아가자는 이야기지. 덧붙이자면, 가난이나 피부색이 세상을 함께 살아가는 데 차별의 이유가 될 수 없는 것처럼 성별 역시도 차별의 이유가 될 수 없다는 생각이 바로 페미니즘이야.

STORY
2

지호의 편지

—

'왕자' 말고 '나답게' 살아가는
주인공을 찾아서

형, 안녕! 잘 지내고 있어? 엄마는 형이 대학을 졸업하고 취업도 해서 한시름 놓인다고, 나보고도 형처럼 잘 좀 해보래.(도대체 뭘?) 나는 형이 집을 떠나서 혼자 살게 되어 부럽기만 한데. 하긴 그 덕분에 이렇게 형한테 편지라는 것도 쓰게 되네.(사실 형의 도움이 필요하기도 하고 말이야.)

　형! 나는 요즘 심각해. 학교에서 선생님이 무려 동화를 읽고 젠더 문제에 관한 글을 쓰라고 하셨거든. 세상에! 내가 지금 나이가 몇 살인데, 동화책이라니! 처음에는 정말 어이가 없어서 반 애들도 모두 난리를 쳤다니까. 더구나 젠더라는 낯선 말 때문에 선생님과 날을 세우기도 했어. 하지만 선생님께서 남녀를 떠나 객관적인 입장에서 바라보라고 하셨고 동화니까 분량이 짧을 것 같다는 생각도 들었지. 이런 이유로 아주 오랜만에 동화책을 (솔직히는 책을) 읽게 되었어. 동화책을 읽으니 잊고 있었던 형과의 추억이 새삼 떠올랐어. 형이랑 나랑 나이차가 있어서 형이 가끔 나한테 책도 읽어 줬잖아. 그때 형은 엄마가 시켜서 마지못해 했지만 나는 참 좋았거든. 하핫. 엄마가 만날 형아쟁이라고 놀리기도 했는데. 그때 형이 읽어 준 동화가 너무 실감나서 나도 피터 팬처럼 하늘을 쏭쏭 날 수 있을 것만 같았어.

근데 형, 선생님이 말씀하신 젠더 문제를 자꾸 생각하면서 읽다 보니 동화책이 그냥 이야기로만 보이지 않더라고. 예전에 동화책은 그냥 재미나고 신나고 황당무계한 뭐 그런 이야기라고만 생각했는데 어쩌면 동화책이 치밀하게 사람들의 마음을 조종했던 건 아닌가 하는 생각이 들더라. '넓게 쓰는 서재 ‒ 남편의 로망', '남자는 어깨, 이거 하나면 끝!'과 같은 광고들처럼 말이야. 또 한편으로는 오해받는 것 같아 억울하기도 했어. 내가 뭐 남자로 태어나고 싶어서 태어난 것도 아닌데, 젠더 문제에 대해 생각하니까 자꾸만 남자들이 이상한 것처럼 말하는 분위기거든. 그래서 형한테 물어보고 싶어서 편지를 써. 형은 나보다 먼저 대학도 다녔고, 군대도 다녀왔고 무엇보다 이제는 '일'을 하니까 더 많이 보고 들었을 거 아니야? 바쁠 거라는 거 알지만 대답해 주면 좋겠어. 부탁!

지호가

피노키오

카를로 콜로디

난로에 불을 붙일 때 쓰는 평범한 나무토막 하나가 있었어. 말을 할 줄 아는 특별한 나무토막이었지. 제페토 할아버지는 이 나무토막으로 인형을 만들고 피노키오라고 이름을 붙여 주었어. 착한 아이가 되길 바랐지만 이 나무 인형은 말썽만 부려. 어른들의 말을 잘 들어야 한다는 귀뚜라미의 충고를 무시하고 집을 나갔다가 배고픔에 쓰러지기도 해. 하지만 할아버지는 피노키오에게 먹을 것을 나눠 주고 화로에 타버린 발도 새로 만들어 주고 외투를 팔아 책도 사주시지. 피노키오는 이런 할아버지의 모습에 감동해서 열심히 학교를 다니기로 해.

그런데 안타깝게도 이 결심은 오래가지 못해. 피노키오가 책을 몽땅 팔아 꼭두각시 인형극을 보는 데 써버렸고 극단 주인에게 붙잡혀 땔감으로 쓰일 뻔했거든. 하지만 다른 꼭두각시들을 구하려는 피노키오의 모습에 감동한 극단 주인은 금화 다섯 닢을 주고 피노키오에게 집으로 돌아가라고 해. 그대로 잘 돌아갔으면 좋으련만 여우와 고양이가 얼간이 나라에 가면 돈이 주렁주렁 열리는 나무가 있다고 피노키오를 꾀어냈어. 귀뚜라미 유령이 나타나 하루아침에 부자로 만들어 주는 사람들을 믿지 말라고, 제 맘대로 행동하는 아이들이 곧 후회한다고 경고해 주었지만 피노키오는 이 말을 무시하고 돈이 열린다는 기적의 밭을 찾으러 떠나. 그러다 강도를 만났고 죽을 뻔한 걸 파란요정이 나타나 구해 줘. 거짓말을 하면 코가 길어지는 벌과 함께.

이후에도 피노키오는 무서운 뱀을 만나 덫에 걸리기도 하고 놀기만 하면 된다는 놀이 천국에서 다섯 달을 보내다 당나귀가 되기도 해. 물론 이때도 "어리석은 녀석! 네 마음대로 했으니 언젠가 후회할 거야!"라는 소리를 듣지.

제페토 할아버지는 어디 계시냐고? 제페토 할아버지는 돌아오지 않는 피노키오를 찾으러 떠났다가 거대한 파도에 휩쓸려 상어의 배 속에서 시간을 보내고 있었지. 우여곡절 끝에 당나귀에서 다시 나무인형이 된 피노키오는 할아버지를 찾아 바다로 뛰어들었어. 그러다 상어 배 안에서 마지막 양초를 켜고 있던 할아버지와 만났지. 둘은 상어가 숨을 쉬는 사이에 가까스로 밖으로 빠져나오는 데 성공해. 수영을 못하는 할아버지를 피노키오가 업고 말이야.

이제 피노키오는 배고픈 할아버지를 위해 음식을 구하고 일을 해. 또 자신을 도와준 파란 요정이 아프다는 소식에 더 열심히 일해서 돈을 모아. 그러던 어느 날 꿈속에 나타난 요정은 "부모가 병들고 가난할 때 정성껏 돌볼 줄 아는 아이는 칭찬과 사랑을 받을 만하다. 앞으로 착하게 살렴. 그러면 행복해질 거야."라는 말을 전하곤 사라지지. 그 다음에 어떻게 되었냐고? 피노키오는 진짜 어린이가 되어 제페토 할아버지, 아니 아빠와 함께 행복하게 살았대.

착한 남자가
되는 길

형, 안녕!

요즘 나는 전에 얘기했던 것처럼 동화책을 읽어. 큭. 주변에서 난리가 났지. 모양 빠진다. 그게 뭐냐 등등. 그래도 어떻게 해! 숙제인걸. 할 수 없이 도서관 동화책 코너를 어슬렁거리다가 《피노키오》를 발견했어. 예전에 내가 거짓말을 하는 것 같으면 형이 "지호, 너! 코가 길어졌어!" 하면서 놀렸던 게 생각나서 책장에서 쑤욱 뽑아냈지. 그리고 곧바로 후회했어. 집에 와서 보니 무지 긴 소설이었더라고! 내가 기억하는 어린이용 동화책은 몇 장 되지 않았는데 말이지. 알고 있는 내용이라 짧게 읽고 끝내려고 고른 거였는데 폭망했지. 그래도 뭐 도리가 없으니 읽는 수밖에. 그래서 읽었어. 그리고 처음으로 《피노키오》의 작가가 누군지도 알게 되었어.

형, 그런데 말이야. 책을 읽으며 내가 뭘 발견했는지 알아? 파란 요정을 제외하고 이 소설에는 온통 남자들만 등장한다는 거야.(나, 정말 대단하지 않아?) 그래서 나는 이 소설이 남자가 되는 과정, 그것도 착한 남자가 되는 과정에 대한 이야기라고 생각해 보았어. (어때, 괜찮아?) 나는 거짓말을 해서 코가 길어지는 피노키오보다 피노키오가 마음대로 행동했을 때 겪은 일들에 더 관심이 가더라고. 피노키오가 집을 나가려고 할 때, 여우와 고양이를 따라 기적의 밭으로 갈 때, 램프 심지의 말을 따라 놀이 천국으로 가려고 할 때 모두 귀뚜라미가 나타나 경고해. 근데 그 경고는 사실 엄마나 아빠, 선생님들의 잔소리와 별로 다르지 않았어.

"그렇게 네 맘대로 하면 다칠 거야, 아플 거야, 잘못될 거야!"하는 말들. 이런 말들을 들으면 하려던 것도 하기 싫어지고, 잘하던 것도 그만두고 싶은 마음이 들어. 아마 이런 말의 뒷면에는 "그러니까, 내 말대로 해!"라는 명령이 느껴지기 때문이야. 마음대로 하라고, 알아서 하라고 말하지만 결국에는 부모님이나 선생님들이 원하는 대로 움직여야 한다는 압박이 고스란히 느껴지니까 말이야.

그런 점에서 피노키오도 마찬가지였어. 많은 위험을 겪으며 후회하고 반성한 결과 '착.하.다.'라는 요정의 음성을 듣지만 결국 그것은 어른들의 이야기에 순종하는 거잖아? 누구도 피노키오에게 뭘 하고 싶은지, 무엇을 배우고 싶은지 묻지 않는 게 나는 참 이해하기 어려웠어. 학교에 나가는 것, 욕심을 부리지 않는 것, 낯선 곳으로 모험을 떠나지 않는 것, 부모를 위해 일하는 것 등 할아버지의 말을 잘 듣는 것은 바로 '착하게' 사는 것이었어. 그러니까 이 소설은 아이들에게 착하게 사는 것이 무엇인지를 말해 주는 이야기인 거야. 속된 말로 '집 나가면 개고생이다. 부모님 말씀 잘 들어라' 정도의 교훈이랄까? 뭐, 그런 게 나쁘다는 건 아니지만, 적어도 그것만 전해서는 안 되는 거 아닐까? 《피노키오》가 어린이에게 꿈과 희망을 심어 주는(?) 동화라면 말이지.

한편으로는 어린아이가 성장하기 위해서는 그런 일들을 겪어 봐야 한다는 것으로도 읽혔어. 자고로 남자라면 일탈 정도는 해도 되는 거니까! 왜 형도 중학교 때 친구들이랑 몰려다니면서 학원도 빠지고 그랬잖아? (사실은 나도 그랬고.) 그러다가 엄마한테 걸려서 엄마가 울고 화내야 겨우 정신 차리고 잘해야겠다고 막 다짐했잖아! (다짐을 삼 일에 한 번씩 했다는 게 문제지만) 우리에게는 피시방이 램프 심지가 말한 놀이 천국 같은 곳이니까. 그래서인지 동화의 내용이 마치 친구랑 놀러 다닌 거, 무서운 형들한테 돈을 뜯기기도 했던 내 이야기 같더라고. 남자들의 세상은 그런 거니까. 솔직히 말하면 아빠를 포함한 남자 어른들도 우리에게,

"남자애들이 밖에서 나가서 좀 싸울 줄도 알고 그래야지!"

"남자가 친구들이랑 어울려 다닐 줄도 알아야지!"

하고 말하셨잖아!

"아빠도 예전엔 친구들이랑 좀 놀았어.", "야, 남자는 가끔 방황도 하고 그래야지 어른이 되는 거야!"라던 말도 기억하지? 그런데 형, 이렇게 말하던 어른들도 이제는 '착한' 어른들로 살아가는 것 같아. 더 이상 사고(?)도 치지 않고 가족들을 돌보면서 말이야.

피노키오 역시 돈도 잃어버리고, 친구하고 노느라 거짓말도 하면서 사고를 쳤지만 돌볼 사람 없는 제페토 할아버지를 책임지지. 물론 지

난 일들을 반성하고 감사하는 마음으로 피노키오가 달라졌을 수도 있어. 하지만 이 소설을 덮으며 뭔가 찜찜한 기분을 지우지 못했어. 겉으로는 남자아이들의 일탈에 관대한 척하지만 사실은 책임감에 대한 이야기 같았거든. 그러니까 《피노키오》는 다양한 경험들을 권하는 이야기가 아니라 어서 빨리 세상과 타협해 세상이 원하는 대로 하도록 이끄는 이야기 같았어. 내 맘대로 하다간 큰코다친다는 충고랄까? 이렇게 착잡한 마음으로 책을 덮을 때 문득 '사람이 된 피노키오가 다 자라서 어른이 되면 아이들에게 뭐라고 할까?' 하는 궁금증이 생겼어.

"어른들의 말을 듣지 않으면 후회하게 될 거야!"라고 말하며 겁을 주지는 않을까? 형은 지금의 나에게 혹은 형에게 생길 아이들에게 뭐라고 말하는 어른이 될 거야?

'남자다움'이란
대체 무엇일까?

우선은 네가 편지를 쓰다니. 하하. 믿기지 않지만 편지를 받으니 기분은 좋은 걸. 그나저나 너희 샘 대단하시다! 동화를 읽고 쓰는 숙제라니. 더구나 젠더 문제에 대해서라니. 형이 처음 대학에서 여성학 강의를 듣고 멘붕이 왔던 때가 훅 떠오르네. 이번 기회에 네가 세상을 조금 더 이해하는 계기가 되었으면 좋겠다. 형에겐 여성학 수업은 세상에 대한 내 믿음과 신뢰를 깨뜨린 첫 시작이었거든. 그게 뭐냐고? 그건 차차 편지에서 밝히도록 할게. 아무튼 너도 나와 함께 젠더 문제에 대해 고민해 보자.

더구나 네가 정한 동화책의 주인공 피노키오와 나는 지금 상황이 매우 비슷해. 《피노키오》가 집 떠나면 고생인 이야기라며? 요즘 집을 떠나온 내 생활이 거의 엉망이거든. 청소는 포기한다고 해도 빨래며, 설거지며, 하루하루 할 일들이 꼬박꼬박 쌓이는데 정말 미치겠더라. 그러다가 엄마 생각이 났어. 나는 이 좁은 자취집조차 어쩔 줄 몰라서 쩔쩔맸는데 엄마는 우리 가족이 사는 큰 집에서 더 많은 것들을 혼자서 한 거잖아? 뭐 아빠도 아주 안 한 건 아니지만, 그래도 주로 청소나 빨래, 요리는 엄마의 몫으로 생각했어. 거기다 너와 나를 돌보는 일까지! 정말 엄마의 역할이 무척이나 많았는데도 '엄마'면 다 하는 줄 알았지. 《피노키오》의 파란 요정처럼 말이야.

파란 요정은 피노키오가 아플 때 나타나서 치료해 주고, 피노키오가 배고플 때 나타나서 먹을 것을 줘. 아프고 힘들 때마다 나타나서 피노키오를 돕지. 심지어 피노키오는 파란 요정을 엄마라고 불러. 그러니까 《피노키오》 속 파란 요정을 보면 엄마의 이미지는 이 책이 나온 지 130년이 훌쩍 지난 지금과 비교해도 별로 다르지 않아. 엄마라면 아주아주 오래전부터 으레 그래야 했던 것처럼 말하지. 더구나 엄마는 여성이지만 성별을 초월해 그냥 '엄마'로 여겨져. 피노키오가 온통 남자들 이야기로만 읽히는 것 역시 파란 요정이 피노키오의 연인이 아닌 엄마 같은 존재였기 때문일 거야.

피노키오   카를로 콜로디

더구나 최초의 이야기에는 아예 파란 요정이 없었다고 해. 본명인 카를로 로렌치니보다 카를로 콜로디로 잘 알려진 그의 대표작 《피노키오의 모험》은 1881년에 몇 달 동안 연재되던 〈인형 이야기〉에서 시작돼. 모두 15개의 장으로 이루어진 이야기는 피노키오가 여우와 고양이에게 붙잡혀 돈을 빼앗기고 떡갈나무에 매달리는 것으로 끝이 났대. 아마 피노키오의 죽음을 암시한 거였겠지? 하지만 이 결말에 충격을 받은 독자들이 연재를 계속해 달라고 거세게 항의했고 1882년부터 1883년 2월까지 16장에서 36장으로 이어지는 〈피노키오의 모험〉이 새롭게 연재돼. 그게 바로 내가 어릴 때 너에게 읽어 준 어린이용 명작 동화집의 기원이지. 사실 그 책에는 피노키오의 모험이 매우 짧고 간단하게 드러나. 그러니 네가 느꼈다는 '남자가 되는 과정'이라는 말을 알기는 어렵지. 그래서 형도 《피노키오》를 다시 읽어 보았어.

> ### 착한 남자의 삶을 그려 낸 나무 인형

다시 읽고 보니 정말 이 소설에는 온통 남자들만 등장하더라. 처음 나무토막을 알아보는 안토니오 할아버지를 시작으로 제페토 할아버지, 극단 주인, 여관 주인 등등. 파란 요정만이 가끔 나타나 위기에 처한 피노키오를 구해 주는 것 말고는 온통 남자 어른들 틈에 둘러싸인 피노키오가 살아남기 위해 안간힘을 쓰는 것 같았어. 네 말처럼 남자들의 모험을 인정하지만 결국 열심히 일해서 가족을 부양하는 노동자로서의 삶에 순응하라고 전달하는 동화처럼 읽히기도 하고 말이야. 실제로 피노키오도 자유롭게 떠돌지만 돈을 버는 노동에 참여하는 순간에야 '착한' 존재로 인정받잖아!

베니토 무솔리니

실제로 남자들만의 세계가 강조되다 보니 이탈리아에서는 《피노키오》가 파시즘의 상징으로 쓰이기도 했대. 이탈리아의 독재가인 무솔리니 정권 시절에 파시즘 색깔이 짙은 아류작들이 등장하기 시작했는데 저마다 '피노키오'라는 이름을 붙였다나 봐. 열 살 남짓한 철부지에 말썽꾸러기가 파시스트 소년단의 일원으로 거듭나기까지의 과정을 신성한 일이라도 되는 듯 묘사했다고 하더라고.

결국 '피노키오'로 상징되는 소년이 남성으로 혹은 노동자로 성장하는 과정을 그려 내어, 남성의 강인함을 강조하면서 동시에 일할 수 있는 사람으로 변화하는 과정을 보여 준다는 거야. 몇몇 자료를 읽다 보니 《피노키오》는 작가의 의도보다는 누가 어떻게 읽느냐가(해석되었다고들 하지) 훨씬 더 중요한 작품이었어. 그러니까 네가 남자들의 이야기 혹은 남자들의 의무로 읽은 것도 전혀 잘못된 건 아니지.

그럼 도대체 남자다움이라는 건 뭘까? 흔히 남자라면 어쩌어쩌해

야 한다는 생각들과 관련 있겠지. '남자는 강하고 여자는 약하고' 같
은 생각들에는 어떤 것들이 있을까? 남자라면 돈을 벌어야 하고(사실
돈은 남녀 구분 없이 모두 필요한데 말이야) 남자라면 모험도 해야 하고
(모험을 싫어하는 남자들도 있을 텐데) 남자라면 여자처럼 울면 안 되고
하는 것 등도 여기에 포함되겠다.

나는 네가 모험, 가족의 부양을 남자들의 당연한 것으로 받아들이

지 않았으면 좋겠어. 무솔리니와 같은 파시즘들도 피노키오를 남자다움 그것도 강한 남성이라는 점을 강화하는 데 사용했으니 말이야. (너는 그러지 않길!) 형의 경험상 오늘을 사는 우리가 일상에서 남성성을 내세워 할 수 있는 일은 거의 없어.

간혹 남자들이 "남자는 무겁고 어려운 일을 하는 게 당연한가요?", "남자가 데이트 비용을 내는 걸 당연하다고 여기는 건 이기적이지 않나요?"라고 말하는데 사실 이런 일들에 아무런 보상이나 의도가 없다고 말하기는 어려워.

형의 예를 들어 볼게. 형이 대학 때 해외 봉사에 가서 나무를 옮기고 땅을 다지느라 죽을 뻔했거든. 그때 함께 해외 봉사를 갔던 여학생들은 사무실에서 일을 했어. 솔직히 형은 하루 종일 불평등하다고, 여자애들은 좋겠다고 궁시렁거렸어. 내가 남자라서 바깥에서 일하고 있는 것 같아서 무척이나 불만스러웠지.(그 아이들도 사무실에서 자신이 맡은 일을 하고 있었을 뿐인데!) 근데 막상 취업을 위한 자소서를 쓰려니 형의 그 경험들은 너무나도 훌륭한 자소서의 소재가 되었어. 다양한 현장 경험을 했다는 것이 큰 장점으로 비춰진 거야.

또 취업을 하고 나서도 그 경험이 유용하게 쓰인 적이 있어. '해외 봉사에서 그런 힘든 일도 해냈는데 이 정도는 할 수 있지' 하면서 현장에서 쉽게 신뢰도 얻을 수 있었거든. 그때는 전혀 생각하지 못했던 일들이 지금 와서 도움이 된 거지.

그런 걸 보면 그때의 일들이 아무런 보상이 없다고 말하긴 어려워.

당연히 남자니까 해야 한다는 것의 이면에는 그래서 남자들에겐 이만큼의 대우를 보장하겠다는 의도도 담겨 있다고 봐야 할 거야. 단지 '무겁고 어려운 일을 하는 것'은 성별에 따른 차별이나 남성성을 드러내기 위한 것이라는 생각에도 허점이 있는 거야.

데이트 비용을 내는 것에도 호감의 표현이자 관계가 진전되길 바라면서 비용을 지불하는 것이니 남녀를 구분할 필요는 없지만, 거기에는 상대방의 마음을 사고픈 속마음이 내재되어 있지. 물론 데이트만 즐기면서 남자들의 돈만 쓰려는 여자들도 있어. 그건 그 사람의 잘못이지 그것으로 모든 여자가 그렇다고 여기는 건 문제가 있다고 봐. 세상에는 좋은 사람도 있지만 정말 이상하고 욕심 많은 사람들도 있으니까. 그건 남자냐 여자냐의 문제가 아니라 사람의 문제야. 형은 네가 피노키오를 통해 남자다움에 대해 생각해 봤으면 해. 너는 어떤지 몰라도 형은 네 다음 편지가 무척이나 기대가 된다.

p.s.
세상을 이해하기 위해 우리가 알아야 할
맨 박스

남자는 울지 않으며, 분노 외의 감정은 드러내지 않으며, 어떤 상황에도 쫄지 않고, 약한 것을 보호하며, 여자처럼 굴지 않는다 등의 통념을 일컫는 말이야. 아이가 태어나면서부터 부모나 집단(혹은 사회)으로부터 남자는 어떠해야 한다는 생각을 꾸준히 학습하다 보니 자연스레 이를 벗어나면 안 될 것 같다고 생각하게 돼. 말 그대로 특정한 형태를 지닌 박스 안에서 생각이 고착되는 것을 말하는데 맨 박스를 벗어나 인간으로서의 삶을 더 고민해 보길 바라. 이와 관련해서 더 알고 싶다면 TED 강의 중 토니 포터 편을 찾아서 보도록 해.

[테드 강연]
남자들에게 고함—토니 포터
https://youtu.be/zGBx0nzqV8o

미녀와 야수

쟌 마리 르 프랭스 드 보몽

아주 먼 옛날, 돈 많은 상인이 한 명 살았어. 그에게는 아들 셋과 딸 셋이 있었는데 특히 막내는 그중에서도 가장 아름다웠어. 막내는 언니들과 달리 마음씨마저 고와 사람들은 그녀를 미녀라고 불렀어. 하지만 아버지가 갑자기 많은 돈을 잃어버리게 되었고 가족들은 도시에서 멀리 떨어진 시골의 작은 집으로 떠나야만 했어. 언니들은 시골 생활에 적응하지 못했지만, 막내는 힘들어도 그곳 생활에 그럭저럭 적응하며 살고 있었어. 그러던 어느 날이었어. 아버지의 물건을 실은 배가 도착했다는 연락이 왔지 뭐야! 다시 부자로 살 수 있다는 생각에 두 언니는 들떠서 물건을 찾으러 가는 아버지에게 장신구와 옷 등을 사다 달라고 졸라. 미녀도 가지고 싶은 게 있었지만 아버지의 물건을 모두 팔아도 언니들이 부탁한 것을 살 수 없을 것 같았지. 미녀는 장미꽃 한 송이를 가지고 싶다고 말했어. 아무것도 부탁하지 않으면 아버지가 슬퍼할 것 같아서 말이야.

하지만 아버지는 물건을 찾을 수 없었어. 이미 많은 이들이 자기 물건이라며 가지고 갔기 때문이야. 게다가 집으로 돌아가다 숲에서 길도 잃어버렸어. 많은 눈이 내렸고 상인은 세찬 바람과 배고픔으로 기운을 잃어버린 채 오솔길 끝에 온통 불을 밝힌 큰 성에 다다랐어. 아무도 없어 보이는 성 안에는 그를 위해 준비한 듯한 따뜻한 벽난로와 맛있는 음식, 편안한 잠자리가 마련되어 있었지. 이곳에서 하룻밤을 보낸 상인이 누군지 모르는 이에게 감사하고 성을 떠나려 했어. 그 순간 상인의 눈에 성 안에 활짝 핀 장미 한 송이가 들어왔어. 상인은 막내가 떠올라 그 꽃을 꺾었어. 자신에게 이런 후한 대접을 해준 이라면 장미도 흔쾌히 줄 거라고 생각했거든. 바로 그때였어.

"이런 배은망덕한 사람 같으니! 내 성에 들어온 당신의 목숨을 구해 주었더니 그 보답으로 내 장미를 훔쳐 가는 거요? 잘못을 저질렀으니 죽어야겠소."라는 소리가 들렸어. 바로 야수의 목소리였지.

상인은 두려움에 떨면서 딸에게 장미를 주려고 했다며 사정을 말했어. 이 말을 들은 야수는 그에게 죽고 싶지 않다면 딸을 데리고 오라며 보내 주지. 상인은 돌아와 그간의 일을 말했고 언니들은 장미꽃을 가져 달라고 한 동생을 원망했어.

미녀는 아버지를 위해 자신이 야수의 성으로 가겠다고 집을 나섰어. 성에 도착한 미녀는 야수의 모습에 놀랐지만 곧 그가 따뜻한 마음을 지녔다는 것을 알고는 친구로 지내기로 해. 야수의 청혼을 받아들일 수는 없었거든. 미녀는 솔직한 사람이었으니까.

성에서 지내면서 미녀는 집에 혼자 있을 아버지를 끊임없이 걱정해. 그 모습을 본 야수는 미녀에게 일주일을 주고 집에 다녀오라고 하지. 만약 미녀가 돌아오지 않는다면 자신은 그리움에 죽어 버릴 거라고 말해. 미녀는 꼭 돌아오겠다고 약속하고 집으로 떠났어. 도시로 시집을 간 두 언니도 미녀를 보기 위해 왔지. 화려하게 치장한 미녀의 모습에 언니들은 질투가 나서 야수와의 약속을 못 지키도록 미녀를 붙잡았어.

집에 온 지 열 번째 밤, 미녀는 야수가 죽어 가는 꿈을 꾸었어. 미녀는 자신이 그를 사랑하고 있음을 깨달아. 미녀는 서둘러 성으로 돌아갔지만 야수는 어디에도 보이지 않았어. 온 성을 뛰어다니다 거의 죽어 가던 야수를 발견한 미녀는 야수에게 죽지 말라고 남편이 되어 달라며 흐느끼지.

　바로 그때였어. 야수는 사라지고 멋진 왕자가 그녀 앞에 서 있는 거야. 야수가 어디에 있느냐고 묻는 미녀의 질문에 그가 대답했어.

　"여기 있습니다. 예전에 나쁜 요정이 저를 야수의 모습 안에 가둬 버렸거든요. 아름다운 여인이 결혼을 승낙하기 전까지 말입니다. 그 요정은 제 지혜와 재치까지도 내비치지 못하게 막아 버렸답니다. 이 세상에서 정말 착한 사람은 당신밖에 없었습니다. 그리고 오로지 당신에게만 제 마음을 움직일 수 있도록 허락했습니다. 당신에게 제 왕관을 씌워 드리겠습니다."라고 말이야.

남자가
야수여도 괜찮은 이유

  형, 요즘에는 텔레비전만 켜면 사람들이 요리하거나, 먹거나, 여행 중이야. 나 같은 고딩은 함부로 시도하기 어려운 삶들이 텔레비전에서는 아무렇지 않게 펼쳐져. 아니 내가 고딩이 아니라도 그들처럼 살지는 못할 것 같아. 수십만 원이나 하는 음식을 먹거나 낯선 곳으로 훌쩍 떠나는 여행이 쉬운 일은 아니잖아? 대부분의 평범한 사람들은 비슷하게 반복되는 삶을 성실하게 살아가야 할 테니까 말이야. 또 그런 이유로 내가 할 수 없는 것들을 보여 주는 텔레비전에 빠져드는 것 같기도 해. 흔히 말해 대.리.만.족.컨.텐.츠.

  이런 콘텐츠는 지상파 방송을 지나 인터넷 방송으로 넘어가면 더 다양하게 드러나. 미슐랭 가이드에 선정된 식당에서 고급스런 식사를 하거나 퍼스트클래스 탑승 혹은 수백만 원대의 쇼핑을 일상처럼 보여 주는 유튜버들도 있거든. 그들의 소비 자체가 컨텐츠가 되고 사람들은 그것을 소비해. 내 것이 아니고, 내가 그들이 될 수 없는데도 말이야. 사람 마음이 참 요상해. 그걸 알면서도 보게 되거든.

  그럼 이런 것도 없던 옛날 사람들은 무엇을 통해 대리만족을 느꼈을까? 게임도 없고 텔레비전도 없고 인터넷도 없던 시절에 말이야. 그래서 탄생한 게 아마도 '이야기'이지 않을까 해. 요즘 어쩔 수 없이 동화책을 읽다 보니 자꾸 옛날 사람들은 왜 이야기를 만들었을까를 생각하게 되더라고. 교훈이나 재미 이런 거 말고 말이야. 아무 생각 없이 하는 게임에도 이야기라는 게 필요하고 뮤직비디오, 광고에도 이야기가 필요해. 그러고 보면 이야기는 아주 오래된 대리만족 콘텐츠지.

갑자기 이런 진지한 이야기냐고? 헤헷. 형이 웬일이냐 할 것 같네! 그냥 유튜브를 보다가 '내가 이걸 왜 보고 있을까?', '사람들은 왜 이걸 구독하고 공감하는 걸까?'하는 생각이 들어서 고민 좀 해봤어. 그리고 실은 《미녀와 야수》를 읽고 숙제해야 하는데 도통 감이 안 와서 이리저리 검색하다가 떠오른 생각이야. (여튼 기특해! 칭찬해! ㅋㅋ)

우선 '미녀와 야수'를 검색어에 넣으면 디즈니 만화나 영화들이 검색 결과로 나와. 또한 못생긴 남자와 예쁜 여자의 모습을 기사나 방송, 일반인들도 '미녀와 야수'라고 표현하더라고. 마치 관용어처럼. 그런데 형, 재미난 건 남자들은 자신들을 야수라고 지칭해도 기분 나빠하지 않고 오히려 미녀와 함께 있는 것에 더 자랑스러워하는 것 같다는 거야. 그런 말을 하는 사람들도 남자를 비하하려는 의도보다는 미녀를 차지(?)한 그들을 부러워하는 것 같기도 했지. 나는 할 수 없는 것을 해낸 사람에 대한 리스펙트!

워낙 유명한 내용이라 잘 알고 있다고 생각했는데 막상 다시 보니 그렇지도 않더라. 내가 기억하는 내용은 주로 디즈니판 만화나 영화의 한 장면들이었어. 원작에는 말하는 시계나 찻잔 대신 오빠들과 언니들이 나오더라고. (물론 이들은 미녀를 전혀 돕지 못하지만 말이야!) 그리고 야수를 이해하고 사랑하게 되는 미녀(영화에서는 벨)가 등장하지.

원작을 보니 이 이야기는 못생긴 남자가 예쁜 여자와 결혼하고 싶은 대리만족 콘텐츠인 건 아닐까 하는 생각이 들었어. 못생겨도 예쁜 여자는 만나고 싶은 남자들의 욕망이 반영된 이야기 말이야. 또 남자가 못생겼지만 엄청난 부자인 점은 여자들의 욕망과도 관련되지 않았을까 싶기도 했고. 물론 원작에서 미녀는 야수의 부유함을 대놓고 탐내진 않았지. 하지만 못생겼다면 최소한 돈은 있어야 한다는 메시지를 전해 주는 것 같아서 사실 씁쓸하기도 했어. 또 야수를 사랑하고 결혼까지 말하는 미녀에게 보상하듯이 야수가 멋진 왕자로 변하는 장면에서는 없던 열등감마저 생겨. 겉모습보다 내면이 중요하다는 교훈이와 닿기도 전에 미녀의 사랑을 얻고 싶은 사람들에게 좌절감을 주는 이야기라고 해야겠어. 사람들이 다양한 프로그램들을 보며 대리만족을 하려고 했으나 열등감이나 박탈감을 느끼게 되는 것처럼 말이야.

이 이야기에는 이름이 전혀 나오지 않아. 상인, 오빠, 언니 그리고 미녀와 야수야. 한 사람이 다른 사람과 구별되는 유일한 것 중 하나가 이름인데 그냥 미녀, 그냥 야수야. 마치 그냥 예쁜 여자와 그냥 못생긴 남자처럼 말이야. 여자는 예쁘면서 마음씨가 고와야 하고 남자는 못생겨도 부자이면 된다는 식인 건가. 뭔가 이상하다는 생각이 들면서도 고개가 끄덕여지는 건 나만 그래? 남자들이 능력을 키우고 연봉을 높이려는 것도 예쁜 여자를 만나려는 거고, 여자들이 외모를 가꾸는 것도 능력 있는 남자를 만나려는 거랑 전혀 관계없다고 할 수 있을까? 얼마나 돈이 많아야 미녀를 얻을 수 있을지는 모르겠지만 돈으로 미녀의 마음을 사려는 사람들, 반대로 아름다움으로 돈이 많은 남자의 사랑을 받으려는 미녀들이 지금도 있다면…… 이건 아주 오래전의 이야기가 현재도 진행형이라는 거 아닐까. 이루어질 수 없는 것을 알면서도 꿈을 꾸게 되는 이야기. 하지만 결말은 왠지 좋을 것 같지 않은 예감까지!

결혼에 대한
남자의 환상을 그리다

　만일 '여름 즈음에 피는 장미가 어떻게 하얀 눈을 맞으며 피어 있던 걸까?' 하는 의문이 든다면, 지나가는 나그네에게 아무런 대가 없이 호의를 베푼 야수가 왜 장미꽃 한 송이에는 버럭 화를 냈을지 추측할 수 있어. 쪼잔하게 장미 한 송이라고 말하기엔 그 장미는 무척이나 소중한 것이었을 거야. 하얀 눈 속에도 피어 있는 장미라면 마법이든 아니든 분명 특별한 것이었을 테니까. 그 평범하지 않은 장미를 꺾은 상인은 대가를 치러야 했고 그 대가는 딸이었어. 장미를 구해 달라고 한 딸은 목숨을 걸고 야수의 집으로 찾아가. 그런데 오히려 미녀는 그 집에서 주인처럼 살 수 있었어. 매일 저녁 9시, 야수는 미녀를 찾아와 이야기를 나눠. 친절함과 배려를 잃지 않고 말이지. 심지어 성의 주인인 야수는 미녀에게 목숨을 건 청혼까지 해. 그녀의 사랑이 아니면 그는 사는 의미가 없어졌거든. 우여곡절 끝에 미녀는 죽어 가는 야수의 청혼을 받아들이고 야수가 왕자로 변신하면서 미녀는 진정한 성의 주인이 되었어. 미녀는 야수도 살리고 부도 거머쥔 행운의 아이콘이 된 거야. 어때? 이런 결말이라면 야수와 결혼하는 것도 그리 나쁘지 않을 것 같지?

이와 비슷하지만 결말이 조금 다른 이야기도 있어. 프시케와 에로스의 사랑 이야기야. 어느 왕에게는 딸이 셋 있었는데 그중 막내 프시케가 가장 예뻤대. 어느 정도였냐면, 사람들은 여신 아프로디테마저 잊고 프시케에게 재물을 바치고 찬가를 지어 바칠 정도였대. 아프로디테는 분노했고 에로스에게 '프시케가 세상에서 가장 추하고 못생긴 인간과 사랑에 빠지게 하라.'고 명령했다네. 하지만 프시케를 본 에로스마저 그녀를 사랑하게 되었대. 시간이 지나 두 언니들은 결혼을 했지만 프시케만은 짝을 찾지 못했어. 왕은 이 이유를 알기 위해 신탁을 받았지. 신은 '프시케가 결혼할 상대는 무서운 뱀 형상을 한 괴물이다. 그러니 그녀를 신부처럼 단장시킨 후 산꼭대기에 눕혀 놓아라.'라고 말하지 뭐야. 왕은 허락할 수 없었지만 프시케는 자진해서 산으로 갔어. 그리고 사람들이 슬퍼하는 가운데 결혼식 겸 장례식을 치르게

'프시케와 에로스', 루벤스 작

돼. 하지만 어쩐 일인지 프시케는 산속 아름다운 궁전에서 금은보화에 둘러싸여 행복하게 지내. 다만 프시케는 남편의 얼굴을 보지 못했어. 남편은 얼굴을 숨긴 채 밤에만 다녀갔고 자신의 얼굴을 확인하려고

하지 말라고 했거든. 그렇게 프시케는 남편의 목소리만 들으며 몇 달을 지냈어.

그러다 언니들이 프시케를 찾아왔어. 그녀의 화려한 삶을 시기한 언니들은 남편이 분명 끔찍한 괴물일 거라고 부추겨. 그러면서 칼과 등불을 프시케에게 건네주었대. 남편을 죽이라고 말이야. 그날 밤 남편이 잠에 들자 프시케는 그의 얼굴에 빛을 비추었는데 세상에, 괴물이 아니라 아름다운 사랑의 신 에로스였지. 그 순간, 에로스는 그녀가 경고를 어긴 것을 안타까워하며 사라졌어. 그뿐만이 아니라 아름다운 집과 보석들도 사라졌다나 봐.

어때, 비슷하지? 동생의 행복을 질투하는 언니, 무엇이든 가능한 남편, 또 무섭게 생긴(무섭게 생겼다고 믿은) 남편까지 말이야. 이처럼 미녀와 야수의 사랑은 이 그리스 신화부터 내려온 아주 오래된 이야기야. 네 말처럼 대리만족 콘텐츠이든 아니든 이야기 속 야수는 곧잘 미녀를 차지했어. (그 반대는 생각이 나지 않는다는 건 안 비밀!)

> **미녀와 야수, 우리는 왜 그런 생각을 '가지게 되었을까?'**

이 작품은 가브리엘 수잔 드 빌뇌브 부인이 에로스와 프시케와 같은 신화를 바탕으로 떠돌던 이야기를 모아서 발표한 작품이야. 《미녀와 야수》는 가브리엘 수잔 드 빌뇌브 부인이 1740년에 펴낸 이야기를 한 차례 수정해 프랑스의 쟌 마리 르 프랭스 드 보몽이 1757년에 동

워릭 고블이 그린 《미녀와 야수》 삽화　　잔 마리 르 프랭스 드 보몽

화로 재출간했어. 우리가 아는 이야기는 이때의 작품이야.

　　18세기에 발표된 《미녀와 야수》는 결혼한 날 밤이 되어서야 신랑의 얼굴을 처음 볼 수 있던 당시 결혼 풍습을 생각해 보면 많은 사람들의 소망과 두려움이 반영된 이야기라 할 수 있어. 사랑과 신뢰로 이루어진 결혼이 아닌 다음에야 처음 만나는 배우자의 얼굴이 어떨지 확인하는 건 무척이나 두려운 일이지 않았을까? 다행히 그가 야수처럼 따뜻하고 배려심이 넘친다면 미녀가 그랬던 것처럼 그를 사랑하게 될지도 모르지만 말이야.

　　한편 잘생긴 이들과 결혼한 언니들이 행복하지 않은 것은 겉모습이 행복의 필요조건이 될 수 없음을 보여 주지. 미녀의 언니들은 자기 삶에 만족하지 못했어. 오히려 자신들이 가지지 못한 것을 시기했지. 그러니까 형은 네 편지의 마지막 부분에 동의할 순 없어. 많은 여성이나 남성이 자신을 가꾸고 성실하게 노력하는 이유가 예쁘거나 돈 많은 상대를 만나려고 하는 것은 아니니까 말이지.(워워~ 위험한 생각이야!)

하지만 네 말에 많은 사람들이 고개를 끄덕인다면 왜 그런 생각을 가지게 되었는지 고민해 봐야 할 것 같아. 너의 발견처럼 이름 없이 존재하는 미녀와 야수를 '예쁘면 다 용서되는 여자와 능력 있으면 야수라도 상관없는 남자'라고 보게 된다면 이런 생각이 어디서 비롯되었는지 고민해 봐야 하지 않겠어? 오히려 이런 이야기들 때문에 야수는 뻔뻔해지고 미녀는 외모 가꾸기에 혈안이 된다면 더 문제고 말이야. 모르긴 몰라도 국어샘이 너희에게 동화에서 젠더에 대한 문제를 찾아보라고 하신 것도 남자와 여자의 성 차이 말고도 '어떠어떠해야 한다'는 생각의 기원에 대해서 살펴보라는 의도도 있을 거야.

마지막으로 형은 이 글을 읽으며 '결핍'이라는 단어가 생각났어. 사랑의 필요조건은 내가 가진 것을 더 부풀려 가는 게 아니라 내가 못 가진 것을 채워 가는 게 아닐까 하고 말이지. 아름다움과 지혜, 선한

마음을 가진 미녀가 추한 야수를 사랑하게 된 것, 또 그 반대의 경우는 서로 가지지 못한 것을 발견했기 때문이라는 생각이 드네. 다음 이야기가 기대된다.

---

p.s.
세상을 이해하기 위해 우리가 알아야 할
젠더

젠더(gender)는 우리말로 '성'으로 번역할 수 있어. 하지만 병원에서 성별을 적으라고 할 때 젠더라는 용어를 사용하진 않아. 치료의 대상이 되는 몸, 즉 생물학적인 몸을 표현할 때는 섹스(sex)라는 말을 사용해. 젠더는 여성과 남성의 관계가 사회적으로 조직되는 방식을 지칭하는 용어이고 섹스는 생물학적 의미의 성을 뜻하는 거야. 따라서 젠더에는 생각이나 행동방식, 태도, 용모 등이 모두 포함돼. '여성(남성)스러움'하고 머릿속에 떠오르는 모습들이 바로 젠더와 관련되는 것들이지. 물론 이 생각은 시간에 따라, 속한 집단에 따라 달라져. 그 사회에서 엄연하게 존재하는 것처럼 믿어지는 것들이 있다면 그것은 바로 젠더에 대한 고정관념이지. '남자애가 울면 안 돼. 여자애는 다리를 벌리고 앉으면 안 돼. 남자는 능력이 최고지. 여자는 무조건 예뻐야지.' 등등. 셀 수 없이 많은 고정관념들이 우리 사회에 있지. 여러 사람이 함께 사는 사회에서 서로 지켜야 하는 규칙이나 예의는 있을 수 있지만 '나는 되고 너는 안 되는' 것이 있다면 문제를 제기하길 바라.

참고로 젠더는 1995년 베이징에서 열린 세계여성회의 정부간회의(GO)에서는 남성과 여성을 구별하는 용어로 섹스 대신 사용하기로 결의하여 오늘날까지 사용되고 있어.

개구리 왕자

그림 형제

옛날 옛적 어느 나라의 왕에게는 아름다운 딸들이 있었어. 특히 아름다웠던 막내 공주는 성 근처에 있는 아늑한 숲에서 종종 쉬었고 심심해지면 황금 공을 공중으로 던졌다 받으며 놀았어.

그러던 어느 날이었어. 그날도 공주는 공을 던지며 놀았는데 하늘로 던진 공이 그만 또르르 굴러 샘물로 빠지고 말았지. 공주는 너무 당황해서 소리 내서 엉엉 울었어. 그런데 누군가 큰 소리로 말했어.

"무슨 일로 그리 슬피 우시나요, 공주님? 울음소리가 너무 슬퍼 듣고 있던 저까지도 눈물을 흘리겠네요."

공주는 목소리가 들려온 곳을 찾아 두리번거리다 퉁퉁하고 못생긴 머리를 물 밖으로 내밀고 있는 개구리 한 마리를 보았지. 공주에게 우는 이유를 들은 개구리는 만약 자신이 황금 공을 찾아다 주면 함께 성으로 돌아가 밥을 먹고, 친구가 되고, 사랑해 줄 수 있느냐고 물어. 공주는 공만 찾아 준다면 뭐든 하겠다고 약속했어. 그 말이 끝나자 개구리는 물속으로 들어가 황금 공을 물고 나왔어. 하지만 공주는 공을 받자마자 쏜살같이 달아났지. 개구리가 같이 가자고 목이 터져라 외쳤지만 아무 소용이 없었어.

다음 날, 공주가 왕과 식탁에 앉아 작은 황금 접시에 담긴 음식을 먹고 있을 때였어. 무언가 찰박찰박 소리를 내며 계단으로 올라오는

거야. 그래, 바로 그 개구리였어! 공주에게서 사연을 들은 왕은,

"약속을 했으면 지키는 것이 도리니라. 가서 개구리를 들어오게 해라."하며 개구리와 함께 식사하도록 명령했어. 왕은 곤경에 빠졌을 때 도와준 이를 무시하면 안 된다면서 개구리가 요구한 대로 공주의 방에서 공주의 침대를 쓰게 하라고도 명령했지. 공주는 너무 싫었지만 아버지의 말을 거역할 수는 없었어. 그래서 억지로 개구리를 데리고 방으로 들어왔어. 그런데 개구리가 빨리 침대 위에 올려 달라고 조르는 거야. 너무 화가 난 공주는 개구리를 집어 들고는 벽에다 힘껏 내던졌어. "이젠 푹 쉴 수 있을 거다, 이 징글징글한 개구리야!" 하고 소리 지르면서 말이지.

그런데 개구리가 바닥에 떨어진 순간 무슨 일이 벌어진 줄 알아? 못생긴 개구리는 사라지고 멋진 왕자가 공주 앞에 서 있는 거야! 왕자는 못된 마녀의 마법에 걸려 개구리가 되었고 공주만이 개구리가 된 왕자의 운명을 바꿀 수가 있었대. 그러면서 왕자는 날이 밝으면 자신의 왕국으로 공주를 데려가고 싶다고 말했지. 공주의 아버지도 이 사연을 듣고는 공주에게 왕자와 결혼하라고 명령했어.

다음 날 아침, 백마 여덟 마리가 끄는 마차 한 대가 성에 도착했어. 마차는 왕자의 충성스러운 신하 하인리히가 몰고 왔어. 하인리히는 왕자가 개구리로 변한 사실을 알고는 너무 괴로운 나머지 심장이 터져 버리지 않도록 철로 된 띠 세 줄로 가슴을 칭칭 동여매고 있었어. 하지만 저주가 풀린 왕자와 그의 신부인 공주를 모시고 궁으로 돌아가는 길에 하인리히의 가슴은 너무 기뻐 부풀 대로 부풀어 올랐어. 그 바람에 그의 가슴에 묶인 철 띠도 툭툭 끊어지고 말았대.

그 공주는 왜 그렇게 난폭해졌을까?

아~~~악~~!! 완전 열 받음. 내 말 좀 들어 봐. 물론 내가 숙제를 안 하고 학원에 간 건 잘못했어. 인정! 하지만 지난주에는 학교 수행평가를 하느라 진짜 시간이 없었거든. 그래도 절반은 했는데 학원 샘이 나보고 막 게으르다는 거야! 애들도 보는데, 쪽 팔리고 화나고.

그래도 여기까지는 괜찮았어. 내가 잘못한 것도 있으니까 말이야. 샘 말처럼 조금 덜 자고 숙제를 했어야 하는 건지도 몰라. 다음 주가 시험인데 시간이 없었다고 말하는 건 핑계일 수도 있어. 그런데! 왜! 여자애들한테는 뭐라고 안 하는 건데? 완전 어이가 없어서……. 나 말고도 ○○이도 오늘 숙제를 안 해 아니, 못 해왔는데 샘이 그 애한테는 뭐라고 안 하는 거 있지. 걔에 비하면 나는 더 많이 해갔다고! 그래서 샘한테 "샘? 왜 ○○이한테는 뭐라고 안 해요? 차별하는 거 아니에요?"라고 물었다가 더 혼만 났지 뭐야. 무슨 남자애가 배려심이 없냐는 둥, 여자애랑 똑같아지고 싶냐는 둥, ○○이를 혼낼 데가 어디 있느냐는 둥. 어이가 없어서! 형! 이렇게 말하는 학원 샘이 더 이상한 거 아니야? 도대체 누구보고 이상하다고 하는 거야!

아무튼 그래서 진짜 열 받았어! 근데 더 열 받은 건 같은 반 남자애들 반응이었어. 객관적으로 봐도 ○○이가 예쁜 건 나도 알아. 그런데 걔한테 뭐라 했다고 나보고 쪼잔하다는 둥, 굳이 그렇게 말해야 했냐는 둥 그 녀석들까지 핀잔을 주더라고. 뭐! 예쁜 게 무슨 무기라도 돼? 아!! 재수 없어. 그런데도 ○○이는 아무 일도 없다는 듯 웃으면서 집에 가드라. 난 수업 시간 내내 짜증이 나서 죽을 뻔했는데.

집에 와서도 화가 안 풀려서 가방을 휙 던져 놓고 침대에 누워서 천장을 바라보는데 며칠 전 학교에서 누군가 발표했던 《개구리 왕자》가 생각나더라고. 개구리한테 거짓말하고 자기 이익만 챙긴 공주 이야기 말이야. 황금 공을 찾고 싶어서 개구리에게 뭐든 다 해주겠다고 약속하고는 막상 공을 찾고 나니까 모른 척해 버렸잖아! 고마워할 줄 모르는 건 기본이고 개구리한테 막말도 하고 집어던지기도 하는 걸 보면 난폭하기까지 한 공주야.

다른 동화들에 나오는 공주들은 누구나 부러워할 만한 예쁜 외모에 다른 사람들을 돕는 착한 마음을 지녔어. 자신을 희생하는 과정에서 왕자를 만나고 왕자는 그런 모습에 반해 청혼을 하지. 그런 동화를 읽으며 '그래, 그 착한 마음에 반했구나.'하고 여기게 되는 것도 공주(미녀)의 행동이 누가 봐도 칭찬할 만한 것이기 때문이야.

그런데 이 이야기 속 공주는 예쁜 거 말고는 좋은 점이라고는 하나도 찾을 수 없어. 그런데도 마법에서 풀려난 왕자는 공주를 보자마자 청혼을 해. 자신을 마법에서 풀려나게 해주었다고 말이야. 설마 막내 공주의 미모가 누구보다 아름다워서 그랬던 걸까? 화를 내며 집어던 진 것 말고는 한 게 없는데 왕자의 청혼을 받는 모습은 정말 납득하기 어려워. 사실, 자신을 도와 준 사람을 외면하면 안 된다는 공주의 아 버지의 말을 빼고는 이 작품에 나오는 사람들은 온통 이해하기 어렵 지만 말이야.

그럼에도 오늘 내가 겪은 일을 생각하면 예쁜 게 유리한 것 같기는 해. 만약 ○○이가 아니고 다른 여자애였다면 선생님이나 친구들이 그렇게까지 감싸 주었을까 싶거든. 물론 나도 예쁜 애들 앞에서 약해 지는 건 사실이지만 예쁘다고 다 용서하는 건 아니야! 솔직히 예쁜 게 무슨 무기도 아니고. 냉정하게 말해서 예뻐서 봐주는 사람들이 있기 때문에 현실이나 동화 속이나 예쁜 애들의 결말이 좋은 거 아니야? (내가 좀 심한가? 그래도 봐줘. 나 오늘 기분 진짜 별로야.)

형! 그런데 막상 형한테 투덜거리며 편지를 쓰고 나니, 사람들이 왜 외모에 신경을 쓰는지 (혹은 써야 한다고 하는지) 이해되기도 해. 우 리가 그동안 읽은 수많은 동화에서 행복을 차지하는 인물들은 아름답 거나 멋진 사람들이잖아! 처음엔 개구리 왕자처럼 마법에 걸려 추한 모습이어도 결국에는 멋진 모습이 되고 끝나잖아. 그러니까 사람들은 더욱 아름다워지려고 하는 거지. 또 유일하게 정상이라고 여긴 막내 공주의 아버지도 다시 생각해 보니 이상한 사람인 것 같아. 아무리 딸 이 약속을 했다고 해서 개구리와 한 상을 받게 하거나 방에 같이 들어 가라고 명령하는 것, 마법에서 풀린 왕자와 결혼하라고 하는 것 또한 오늘날의 시선으로는 이해하기 어려워. 아버지는 왜 공주와는 전혀 상의하지 않고 짝을 정해 주는 거지? 이렇게 생각하니, 아무것도 하지 않은 공주가 이해되기도 해. 어쩌면 공주가 할 수 있는 일은 없었을지도 모르니까 말이야.

오늘 학원에서 있었던 일 때문에 화가 났는데 그 일 때문에 형에게 편지를 쓰면서 다른 부분을 발견할 수 있었어. 사람들이 왜 아름다움을 그토록 추구하는지, 왜 공주는 아무것도 하지 않았는지, 공주는 왜 화가 났는지 등등. 형도《개구리 왕자》를 읽고 답장을 해주었으면 좋겠어. 형은 이 동화를 어떻게 읽었는지 궁금하거든. 그럼 답장 기다리고 있을게!

아버지의 말이면
개구리와도 결혼해야 하는 딸

워워! 오늘 내 동생 무지 화났어! 솔직히 형이라도 '이게 뭔가?' 했을 것 같아. 숙제는 똑같이 안 했는데 왜 나만 혼나는지 혹은 나만 더 혼나야 하는지 받아들이기 쉽지 않으니까 말이야. 게다가 그 이유가 여자여서라니, 당연히 이해가 안 되지. 형이 어떤 상황인지 정확히는 모르지만 네가 샘한테 서운한 건 충분히 이해할 만해. 그 친구가 누가 봐도 예쁜 여자 친구였다니, 네 말처럼 예쁘면 다 용서되는 건가 의문을 제기할 만하지.

실제로 2017년 발표된 통계청의 자료에 따르면 만 15세 이상부터 만 39세 미만까지의 남녀 중 62.6%에 해당하는 사람들이 '인생에서 외모가 어느 정도 중요하다'라고 대답했어. 이걸 보면 많은 사람들이 외모를 한 개인의 특성으로만 이해하고 있지는 않다는 걸 알 수 있지. 또 다른 자료를 보면 성형 수술을 받은 사람의 88.7%는 미용 목적으로, 그중 48.3%는 인생에서 외모가 중요하기 때문이라고 답했대. 이 외에도 취업이나 결혼에 도움이 되기 때문이라고 말한 사람도 9.9%가 돼. 이걸 보면 우리 사회에서 외모가 차지하는 비중이 적다고 말할 수는 없을 듯해. 실제로 사람들은 외모로 인해 구직이나 취업에서 차별을 느꼈다고 말했어. 남성에 비해 여성이 조금 더 높은 비율로 차별을 느꼈다고 답한 걸 보면 네 말처럼 남자든 여자든 우선은 예뻐야 하는가 의문이 들 만도 하지.

자, 그럼 사람들은 언제부터 외모를 중시하게 되었을까? 갓난아기가 외모의 기준을 알고 있진 않을 테니(아마도) 아이가 커가며 세상을 점점 알게 되면서 아름답고 추한 것의 기준을 배워 가는 게 아닐까 싶어. 또 외모가 중요하다는 것 역시 경험과 학습으로 배우겠지. 네 말처럼 동화 속 주인공들이 모진 고생을 해도 결국 예쁜 공주나 멋진 왕자가 행복해지는 결말을 읽으면서 모두 공주나 왕자처럼 예뻐지려고 애쓰는 것일지도 모르지. 너도 그리고 나도 이 과정에서 예외일 수는 없을 거야.

아버지의 명령이면 개구리와도 결혼해야 되는 걸까?

물론 우리는 외모가 전부는 아니라는 걸 배우기는 해. 학교에서, 집에서 다른 사람들을 도울 줄 알아야 하고 더불어 살아가는 법도 알아야 한다고 배워. 이야기 속 왕은 우리가 배운 대로 개구리에 대해 아무런 편견도 가지고 있지 않는 것처럼 보여. 그리고 정말 그랬을지도 몰라. 하지만 자신의 딸에게는 그렇지 못해. 공주에게는 계속 명령만 하거든. 심지어 결혼까지도 명령해. 공주의 의사는 전혀 중요하지 않다는 듯이. 더욱이 개구리가 왕자가 된 이후 공주는 아무 말도 하지 않아. 어차피 거역할 수 없는 아버지의 뜻이니 공주의 목소리는 중요하지 않다는 의미일 거야. 아니 오히려 그렇게 못된 공주도 왕자와 결혼하게 되었으니 감지덕지해야 한다는 의미일지도 모르지.

대부분의 동화가 쓰인 시대에는 여성의 의견은 별로 중요하지 않았어. 아버지 혹은 오빠들에 의해 여성의 결혼마저도 결정되던 시기였거든. 동화에는 이렇게 흔히 알고 있는 가부장적 태도가 고스란히 담겨 있지. 그러니까 여성의 아름다운 외모가 끊임없이 언급되는 것 역시 남성들의 바람과 무관하다고 하기는 어렵겠다. 이제 아무것도 하지 않은 공주님을, 그리고 막말을 하며 난폭해 보이는 공주님을 조금은 이해할 수 있을까?

하지만 더 중요한 것은 그때의 동화를 여전히 읽고 있고 여전히 행복하기 위해 외모가 중요하다는 것을 배우게 된다는 것이야. 아무리

월터 크레인이 그린 《개구리 왕자》 삽화

정말 중요한 것은 외모가 아닌 마음이라는 것을 배워도 외모에 따라 행복이 결정된 것을 많이 보다 보니 믿을 수 없기도 해.

어쩌면 사람들은 동화를 뭐 그렇게 심각하게 읽느냐고 할 수도 있어. 형이 좋아하는 황현산 선생님의 〈마더 구스의 노래〉라는 글

에는 '열 명의 인디언 소년'을 인용하며 이상한, 아니 잔혹한 동요에 대해 이야기해. 이 노래에 등장하는 인디언 소년 열 명은 목이 막혀 죽고, 벌에 쏘여 죽고, 도끼로 제 몸을 가르고 죽고, 죽고, 죽어. 하지만 노래는 열 명이 아닌 일곱에서 멈춰. 그렇게 노래는 맥이 끊기고 그저 이상한 노래가 되고 말아. 황현산 선생님은 잔혹한 동요가 어이없고 이상한 노래가 되어 버린 까닭을 숨은 저자에서 찾아. 누가 지었

는지 명확하지 않은 까닭에 윤리적인 문제에서 자유로울 수 있었다고 말이야.

또 동요에 담긴 지나가는 잔혹성이 아이들의 내면에 웅크린 잔혹성을 조절하고 바깥세상의 잔혹성에 대비하는 면역 효과도 있다고 하시지. 앞뒤 없이 툭하고 튀어나오는 노래들을 논리적으로 따질 수는 없으니까 말이야. 하지만 동요와 이야기는 좀 달라. 개구리가 사람과 대화를 나눈다든가, 벽에 던져진 개구리가 퐁! 하고 사람으로 변하는 일이 이상하기는 해도 이야기는 동요보다는 훨씬 더 논리적인 구성을 지녀. 그러니까 동화는 동요보다 더 설득적인 장르인 셈이지. 형이 좀 예민하고 까칠하게 읽는 이유는 바로 많은 사람들이 오랫동안 설득당해 온 이야기를 의심해 보자는 의미야. 누구의 입장에서 어떤 마음으로 이런 이야기를 썼는지 말이야. 그럼 설득하려는 사람의 의도도 조금은 헤아려 볼 수 있을 테니까.

---

p.s.
세상을 이해하기 위해 우리가 알아야 할
가부장제

말을 타고 외출을 하는 여성, 딸이 제사를 지내는 풍경, 아들과 딸이 부모의 재산을 똑같이 나누는 모습, 여성의 흔한 재혼 풍습이 우리나라에 있었다면 믿을 수 있겠니? 고려 시대만 해도 이런 일들이 실제로 있었단다. 족보에 아들과 딸의 차별 없이 이름을 올렸고 남편의 처가살이도 흔했지. 하지만 고려에서 조선으로 넘어오면서 여성의 권리는 점점 사라지고 말아. 여성이 정절을 지키는 일이 당연하듯 남성의 일처다부가 당연했어. 딸은 재산 상속과 제사에서 제외되었어. 이런 변화는 조선이 내세운 유교 사상과 무관하지 않아. 흔히 말하는 '가부장제'는 가족 구성원에 대한 가장의 지배를 옹호하는 체제야. 우리나라에서는 대부분 가장 역할을 남성이 맡았고 그러다 보니 남성의 지배가 공고해졌어. 만약 가장의 역할을 주로 여성이 맡았다면 여성의 지배가 공고해진 사회가 등장했겠지.

오늘날에도 가부장제의 흔적들이 여기저기 깊게 남아 남성이 여성을 보호해야 하는 사회이지. 예를 들어, 부부와 십 대 아들로 이루어진 가족 중 아버지가 먼저 세상을 떠났을 경우를 볼까? 아들이 여자인 엄마를 보호하는 것이 당연하게 받아들여져. 아무리 아들이 어리더라도, 아무리 엄마가 아들보다 나이가 많더라도 말이지.

플랜더스의 개

위다

벨기에 플랜더스 지방의 작은 오두막에는 넬로와 파트라슈가 살고 있었어. 이 둘은 세상에 홀로 남겨졌다는 공통점이 있었지. 넬로는 두 살 때 엄마를 잃었고 파트라슈는 버려진 개였거든. 파트라슈는 루뱅에서 축제가 열리는 날 풀숲에 버려졌어. 가난하지만 마음씨 좋은 다스 할아버지가 마침 그곳을 지나다 파트라슈를 발견해 보살피지 않았다면 죽었을 거야. 파트라슈는 그 사실을 아는 것처럼 목줄이 있던 자리에 난 상처가 아물 무렵 할아버지를 대신해 놋쇠 우유통이 담긴 수레를 끌기 시작해. 그들의 보살핌에 감사를 표하듯 말이야. 할아버지는 젖소를 기르는 이웃들에게 우유통을 받아 안트베르펜 시내까지 날라다 주는 일을 했거든. 늙고 힘없는 할아버지 대신에 파트라슈는 그들의 보물상자이자 곳간이 되었지.

넬로는 아무도 가르쳐 주지 않고 배운 적도 없지만 그림에 천재적인 재능이 있었어. 넬로는 안트베르펜 시내의 노트르담 대성당(성모 대성당)에 있는 위대한 화가 루벤스의 그림을 보고 싶었어. 넬로에게 그림은 가난하지만 위대한 사람이 될 수 있는 희망이었거든. 하지만 넬로는 그 그림을 볼 수 없었어. 두 작품은 두꺼운 커튼으로 가려져 있었거든. 그것을 보려면 은화 한 닢을 내야 했어.

"가난해서 돈을 못 낸다는 이유만으로 그림을 볼 수 없다니 정말 너무해! 그분은 분명 가난한 사람들은 못 보게 하겠다는 생각으로 저 그림을 그리진 않았을 거야. 우리가 언제라도 매일 그림을 보길 바랐을 거라고. 그런데도 사람들은 저 아름다운 그림을 천으로 덮어 어둠에 가둬 놓고 있어!"

넬로는 성당 문지기가 한눈팔 때 몰래 들어가 제단에 걸린 그림 〈성모승천〉을 넋 놓고 보았어.

넬로에게는 알루아라는 여자 친구가 있었는데 알루아는 마을에서 가장 부유한 코제 씨의 딸이었어. 알루아는 넬로가 가난하지만 정직하고 성실하고 또 그림을 아주 잘 그린다는 것을 알고 있었어. 하지만 코제 씨는 넬로가 가난하다는 이유로 자신의 딸과 만나지 못하게 해. 또 코제 씨가 운영하는 방앗간에 불이 나자 이것을 넬로의 짓이라고 주장하지. 사람들은 믿지 않았지만 마을에서 가장 부자이자 자신들이 도움을 받아야 하는 알루아 아버지의 눈치를 봐야만 했어.

마을 사람들은 코제 씨의 말에 따라 넬로에게 더 이상 일거리를 주지도, 예전처럼 친절을 베풀지도 않았단다. 할아버지마저 돌아가시고 넬로는 집세도 못 낼 정도로 형편이 어려워졌어. 하지만 넬로에게는 단 하나의 희망이 있었어. 그건 바로 미술 대회에서 일등을 하는 것이었어. 그렇게만 되면 상금을 받고 그림 공부도 할 수 있을 테니까 말이야. 기대에 부풀었지만 넬로의 그림은 미술 대회에서 뽑히지 않았어.

모든 희망을 잃어버린 채 눈길을 걷던 넬로와 파트라슈는 눈 속에 파묻힌 코제 씨의 지갑을 발견했어. 이천 프랑이라는 큰돈이 들어 있었지만 넬로는 망설임 없이 코제 씨의 집으로 가 돌려주었어. 지갑을 찾기 위해 눈길을 헤매던 코제 씨는 나중에서야 이 사실을 알게 돼.

그제야 자신의 잘못을 후회하지만 이미 너무 늦었지.

넬로는 마지막 힘을 다해 눈길을 걸어 성당으로 갔고 그림을 가린 커튼을 걷어. 그토록 보고 싶어 했던 루벤스의 〈십자가에 올려지는 그리스도〉와 〈십자가에서 내려지는 그리스도〉가 모습을 드러내자 넬로는 쓰러지고 말아. 파트라슈 역시 그의 옆에 누워. 그렇게 둘은 함께 하늘나라로 가버리지.

크리스마스 아침, 코제 씨와 넬로의 재능을 알아본 화가와 정직한 넬로를 외면했던 마을 사람들은 싸늘하게 식은 넬로와 파트라슈를 찾아. 사람들은 뒤늦게 자신의 어리석음과 욕심을 후회했지만 아무 소용없었어. 하나의 무덤을 만들고 둘을 나란히 눕히는 것 말고는 말이야.

가난한 아이 하나도
돌보지 못하게 만드는 차별

　형은 원더가 죽었다는 게 믿어져? 나는 일 년이 지난 지금도 여전히 원더가 죽었다는 게 믿어지지가 않아. "원더!"하고 부르면 내 품으로 폴짝 뛰어올 것만 같고, 문을 열면 작은 얼굴을 차지한 커다랗고 동그란 눈이 나를 바라보며 꼬리를 흔들 것만 같아. 원더가 우리 집에 처음 왔던 때가 기억나? 비숑답게 곱슬곱슬한 털을 한 작고 귀여운 강아지가 낮도 가리지 않고 정신없이 폴짝거리며 뛰어다녔잖아! 어찌나 활기차던지 기운이 넘쳐난다는 의미로 이름도 원더라고 지었지.

　생각해 보면 형이랑 내가 싸울 때도, 놀 때도 원더는 늘 함께였어. 십 년이 넘는 동안 원더는 우리와 함께였기에 원더가 우리 곁을 이렇게 쉽게 떠나갈 수 있다는 생각은 아예 못했거든. 아마 원더는 좋은 곳에 갔겠지? 더 이상 아프지도 힘들지도 않은 곳에서 우리를 지켜보고 있을지도 몰라. 우리가 원더를 사랑했던 만큼 원더도 우리를 사랑했으니까 말이야. 서로 말은 통하지 않았지만 우리는 알 수 있었잖아.

　이런 기억들 때문인지 나에게 《플랜더스의 개》는 다른 이야기들보다 특별한 의미로 다가오는 것 같아. 파트라슈는 원더랑 다르게 힘도 세고 몸집도 큰 개지만 넬로를 생각하던 마음은 우리 원더랑 비슷했을 것 같아. 활달하고 귀여운 원더도 내가 우울해할 때는 조용히 내 곁을 지켜 줬거든. 마치 "내가 여기 있어. 지호야."라고 말하는 듯 말이야. 형. 진짜 원더 보고 싶다.ㅜㅜ

그래서인지 책을 읽는 내내 파트라슈가 부쩍 안쓰럽고 파트라슈를 함부로 대하던 전 주인에게 화가 나기도 했어. 넬로를 만나기 전의 주인은 아주 못된 인물이라 파트라슈의 도움을 받아 짐을 옮기면서도 파트라슈에게 먹을 것도, 마실 것도 제대로 주지 않아. 심지어 파트라슈가 탈진해 거품을 물고 쓰러지자 풀숲에 버리고 말잖아! 정말 인간의 이기심은 어디까지인지 알 수 없어. 파트라슈는 자신을 구한 넬로와 할아버지의 곁을 끝까지 지키는데 말이지.

더구나 개가 아닌 어린아이를 대하는 어른들의 태도에도 인간의 이기심이 묻어나 있어. 그러니까 《플랜더스의 개》는 동화 같지만 사실 넬로를 버려둔 어른들에 대한 비판, 인간의 이기심을 그려 낸 이야기라고 보는 게 더 적절할지도 모르겠어.

넬로는 두 살 때 엄마도 죽고 외할아버지랑 살면서 늘 가난했어. 할아버지는 종종 "우리는 가난하단다. 좋은 것이든 나쁜 것이든 신이 주신 것을 받아들여야 해. 가난뱅이들에겐 선택권이 없단다."라고 말했지. 어떻게 이렇게 말할 수 있을까 싶었는데 다행히 넬로는 할아버지의 생각과 달랐어. 넬로는 "때로는 가난한 사람도 선택할 수 있어. 훌륭한 사람이 되는 길을 선택하면 남들에게 거부당하지 않을 수 있지."하고 생각했잖아!

하지만 순수하고 재능과 꿈이 있던 넬로도 결국 할아버지의 말처럼 아무것도 선택할 수 없게 되고 말아. 아니, 죽음만이 넬로가 선택할 수 있었던 것일지도 모르겠어. 넬로는 만인에게 평화를 전하는 크리스마스를 보내지 못하고 추위와 굶주림에 생을 마감하고 말잖아! 마치 신의 축복은 넬로와 무관하다는 듯 말이야.

사람들은 넬로 덕분에 자신의 이기심을 반성했을지도 몰라. 하지만 나는 이 이야기를 덮으며 가난하고 어린 소년 하나를 돌보지 못했던 마을 사람들이 미웠어. 그저 겨우 먹고살 만큼의 일을 얻어서 하던 소년에게 그 일조차 주지 않은 마을 사람들, 하지도 않은 일을 했다고 우기며 넬로에게 누명을 씌운 코제 씨도 원망스러웠어. 그리고 또 나는 부끄러웠어. 크리스마스 아침, 성모 대성당에서 싸늘하게 식은 넬로와 파트라슈를 발견한 사람들처럼 말이야. 왜냐고?

우리, 아니 나는 가난하고 어린 소년 하나쯤에 관심은 가지고 있는 건지, 어려운 사람들을 보살펴야 한다고 이야기하면서 무엇을 하고 있는 건지 전혀 생각이 나지 않았거든. 또 자신보다 힘센 사람의 눈치를 보지 않고 어려움에 처한 사람을 도울 만한 용기나 다른 사람의 것을 탐내지 않고 돌려줄 만한 정직함 역시 가지고 있는지 확신이 서지 않았어.

바로 내 옆은 아니어도 어려움에 처한 사람들(특히, 어린이들)은 여전히 있고 자신보다 힘센 사람들의 눈치를 보느라 마음처럼 행동하지 못하는 경우도 많아. 게다가 정직하게 살아가는 일은 정말 어려워 보이니까. 형! 추운 겨울 그것도 크리스마스 전날에 눈길을 걸어가는 넬로를 상상하면 떠오르는 이야기가 또 없어? 나는 《플랜더스의 개》를 덮으며 안데르센의 《성냥팔이 소녀》를 떠올렸어. 성냥팔이 소녀도 넬로처럼 추위와 굶주림으로 죽었잖아. 소녀는 추위를 피하기 위해 겨우 성냥을 켰지만 그 따뜻함은 오래가지 못했어. 치익 하는 소리를 내며 벽에 그은 성냥에서 불꽃이 올라오면 난로가, 먹음직스런 음식이, 아름다운 크리스마스트리가 짧게 환상으로 보였지만 그것들은 소녀를 살리지 못했어. 성냥의 불꽃이 순간 피어올랐다 사라지는 것처럼 환상도 금방 사라졌거든. 결국 소녀 역시 다음 날 눈처럼 차가운 시신이 되었어. 아무도 소녀의 맨발, 소녀의 배고픔에 관심이 없었기 때문이야.

마음이 따뜻했던 파트라슈, 자신을 보살펴 준 사람에게 보답하려고 했던 파트라슈를 보면 오히려 사람보다 낫다는 생각이 들었어. 어려움과 위험에 처한 이들을 따뜻한 시선으로 바라보고 돕지 못한다면, 다른 이들의 도움에 감사할 줄 모른다면 사람이 개보다도 못한 게 맞을 테니까 말이야. 파트라슈만큼이라도 하며 살아가는 사람들이 되었으면 좋겠다는 생각을 하며 오늘의 편지는 마무리할게. 형의 원더, 형의 파트라슈 이야기를 기대하며.

나와 다르다는 것이
혐오의 이유가 될까?

《플랜더스의 개》는 매리 루이스 드 라 라메(Marie Louise de la Ramée)
로 '위다'라는 필명으로 활동한 여성작가의 작품이야. 작가가 실제로
동물을 무척이나 좋아했다고 하니, 파트라슈의 마음이 잘 드러나는
글을 쓸 수 있지 않았을까 해. 형은 이야기책보다는 텔레비전에 나오
는 만화로 처음 파트라슈와 넬로, 알루아를 만났어.

먼동이 트는 새벽하늘, 끝없이 펼쳐진 가로수, 잊지 않으리 꿈의 그
길을 … 파트라슈와 함께 걸었던 하늘과 맞닿은 그 길을 … 랄랄라 랄
랄라 …

이런 노래였는데 혹시 너도 들어 봤는지 모르겠네. 이 만화는 일본
후지TV에서 1975년에 방영했는데 당시 시청률이 무려 30.1%나 되
었어. 엔진포스를 외치고 이상하게 생긴 적들과 싸우는 만화들과 달
리, 수채화 같은 풍경이 인상적인 만화야. 형이 혹시나 해서 유튜브에
검색해 봤는데 금방 찾을 수 있더라고. 너도 기회가 되면 한 번 봐.

책이든 만화든 넬로와 파트라슈는 좋은 친구였어. 우리가 원더를 사랑했듯 넬로도 파트라슈를 사랑했고, 원더가 우리를 사랑했듯 파트라슈도 넬로를 사랑했지. 할아버지가 돌아가시고 마지막 희망이었던 미술 대회에서도 떨어진 넬로는 더 이상 마을에서 살 수 없다고 생각해. 코제 씨의 눈치를 볼 수밖에 없었던 마을 사람들이 넬로에게 일을 주지 않기 때문이야. 눈 속에서 우연히 발견한 코제 씨의 지갑을 돌

'우리에게 도움을 줄 사람들은 없을까?'

려주며 넬로는 알루아에게 파트라
슈를 부탁해. 먹을 것을 주고 따뜻
한 곳에 있게 해주기를 말이야. 하
지만 넬로는 스스로를 부탁할 곳
이 없었어. 그래서 눈길을 걸어
서, 볼 수만 있다면 죽어도 좋다고
말한 루벤스의 그림 앞에 쓰러지

넬로와 파트라슈를 묘사한 삽화

고 말았어. 넬로의 죽음은 네 말처럼 가난한 어린아이 하나도 제대로
돌보지 못한 어른들에게 책임이 있어. 도대체 어른들은 왜 그랬을까?
그 이야기를 하려면 잠시 14~16세기 유럽의 뱃길을 알아볼 필요가
있을 것 같다.

이 이야기의 배경이 되는 플랜더스 지방, 그중에서도 대성당이 있
던 안트베르펜은 이탈리아 상인들의 물건을 사고파는 무역항이었어.
이탈리아의 상인들은 동방의 상품을 벨기에 플랜더스 지방까지 싣고
와서 영국이나 스페인산 양모와 맞바꿔 돌아갔대. 직물업이 발달된
이탈리아에서는 이곳에서 수입한 양모로 완제품을 만들고 다시 안트
베르펜으로 가져와 유럽 전역으로 판매했다니까 안트베르펜의 항구
는 돈이 모이는 곳이었어. 그런 까닭에서 미술 대회의 우승자가 넬로
가 아닌 부두 관리인의 아들인 스페판 키슬링어인 것에 고개를 갸웃
하며 의심의 눈초리를 보낼 수밖에 없어. 혹시 돈으로 대회의 일등을
산 것은 아닐까 하고 말이야.

그런데 곰곰이 생각해 보면 이런 의심이 1800년대 유럽에만 있었던 걸까? 아니라는 건 너도 금방 알 수 있을 거야. 지금도 여전히 노오력만으로는 극복하기 힘든 계층 간 격차가 우리 사회에도 존재하니까 말이야. 부정 입학, 부정 축적, 부정 취업 등등. 그러니까《플랜더스의 개》는 벨기에 안트베르펜이 여전히 우리의 삶과 다르지 않아서 부끄러움을 떠올리게 만드는 작품인 거야. 또 안트베르펜이 돈의 중심지였지만 그 돈으로 성냥팔이 소녀나 넬로처럼 가난하고 소외된 어린아이 하나쯤은 돌보지 못했던 것 역시 오늘날과 닮았어. 사실 지구에 있는 자본을 모두 합친다면 굶고 아픈 사람을 만들지 않아도 될 만큼 충분할 거야. 하지만 그 돈이 특정한 지역이나 계층에 집중되다 보니 넬로나 성냥팔이 소녀처럼 돌봄을 받지 못하는 사람들이 생겨나는 거지.

> **같은 기능, 같은 제품인데도 값이 다른 이유?**

또 너의 글을 읽으며 넬로나 성냥팔이 소녀 말고도 여전히 차별과 혐오의 대상이 되는 이들에 대해 생각해 봤어. 차별이나 혐오가 일어나는 가장 큰 이유는 바로 이들이 '자신과는 다른 존재라고 구분 짓는 생각'에서 출발해.

'그들은 가난하기 때문에, 그들은 피부색이 다르기 때문에, 그들은 신체가 건강하지 않기 때문에, 그들은 또 여성이기 때문에' 같은 생각

말이야. 너의 숙제가 젠더에 관한 것이니 형은 이 중에서 특히 여성에 대한 차별 하나를 이야기해 볼까 해.

혹시 핑크택스라고 들어 봤니? 여성의 제품에만 조금 더 비싼 비용을 부과하는 것을 일컬어 '핑크택스'라고 부른대. 이것의 대표적인 예가 여성과 남성의 헤어 커트 비용이야. 미용실에서 머리카락을 자를 때 여성은 남성에 비해 적게는 몇천 원에서 많게는 두 배에 이르는 비용을 더 지불하고 있대. 머리 길이나 스타일에 따라 다를 것 같지만 실제로 같은 길이, 같은 스타일일 경우에도 성별에 따라 서로 다른 비용을 지불한다고 하니, 이 같은 차이를 부인하기는 어려울 것 같지? 택스 앞에 핑크라는 말이 붙은 이유는 여성용 제품의 색깔이 핑크인 경우가 많아서야.

그런데 어쩌다 핑크는 여성의 색이 되었을까? 그리고 정말 핑크는 여성의 색인 걸까? 색의 역사를 따지고 보면 사실 핑크는 여성의 색깔이 아니었어. 중세 유럽의 그림들을 살펴보면 실제로 왕이나 추기경들처럼 권력을 가진 이들은 빨간색 계열을, 여성들은 오히려 파랑색 계열의 옷들을 즐겨 입은 걸 알 수 있어. 과거 유럽의 사람들은 빨강은 강인함을, 파랑은 친절함을 상징한다고 생각했거든. 자크 루이 다비드의 '알프스를 넘는 나폴레옹'이라는 그림 속 나폴레옹이 빨강 망토를 걸치고 있는 것, 성모마리아를 그린 초상화들 대다수에 파랑색이 사용되었다는 것을 봐도 알 수 있지. 파랑이 남성, 핑크가 여성의 색은 아니었던 거야.

그럼 오늘날처럼 여성을 핑크로, 남성을 파랑으로 생각하게 된 것은 언제부터였을까? 그건 제 2차 세계대전 이후부터였어. 당시 남성의 군복에 주로 사용되던 빨간색은 눈에 너무 잘 띄는 색깔이어서 사라지게 되었지. 그러면서 남성과 빨강은 점점 멀어졌어.

이후 파랑과 분홍, 남성과 여성의 이분법은 미국에서 판매 마케팅의 전략으로 사용되었다고 해. 분홍색의 바비인형은 여자아이들에게 인기 있었고, 해군복의 네이비색이 남자아이들의 파란 스트라이트로 사용되면서 선풍적인 인기를 끌었거든. 그러니까 우리가 핑크와 블루를 구분하는 역사는 그리 오래되지 않은 거지.

하지만 제품도 같고 기능도 같은데 단지 핑크를 입었다고 해서 더 많은 비용을 부과하는 것은 분명 차별이지 않을까? '핑크이기 때문에'로 구분 짓는 것, 이것이 바로 오늘날 우리 사회에 혐오와 차별을 없애기 위해 우리가 해결해야 할 과제인 듯 해.

p.s.
세상을 이해하기 위해 우리가 알아야 할
핑크택스

핑크택스는 성차별적인 가격과 그로 인한 쇼핑의 불평등을 상징하는 용어야. 실제 2015년 뉴욕시 소비자보호국은 온오프라인 소매점

24개에서 판매하는 800개 제품에 대한 조사 결과를 발표했어. 발표 결과 가장 가격차가 큰 품목은 샴푸나 컨디셔너, 데오드란트, 면도기 등의 미용용품이었어. 여성용이 남성용보다 평균 13% 더 비쌌대. 핑크택스에 대한 사회적 관심이 커지자 제조업체들은 여성용 제품이 특별한 향과 소재, 프리미엄 패키지 사용 및 여성 시장을 겨냥한 광고비나 판촉비 투자가 커지면서 가격이 높아졌다고 해명했지. 하지만 남성용 제품 역시도 고급화된 시대에 설득력이 없는 해명이었어. 또한 타이거 우즈 같은 스포츠 스타를 광고에 등장시키는 등 남성 마케팅에도 막대한 투자를 했다는 반박을 받았지.

최근 우리나라에서는 지난 2018년 7월 1일을 시작으로 '여성소비총파업' 운동이 벌어지고 있어. 이는 매달 첫째 주 일요일에 문화생활이나 외식, 쇼핑 등 모든 소비와 지출을 중단하고, 대신 그 전날인 토요일에는 '세계 여성의 날'을 기념하는 '38적금' 즉, '세계 여성의 날'인 3월 8일을 기념한 3800원, 3만 8000원 등 적금을 붓는 방식을 제안하는 운동이 시작되었어. 이것은 1975년 10월 24일 UN의 날을 기해 아이슬란드 여성들이 하루 동안 임금노동과 가사노동 일체를 거부한 '여성총파업'과 2018년 3월 8일 세계 여성의 날을 맞아 스페인에서 노동자 약 530만 명이 참여한 동맹 파업에서 착안한 운동이야. 스페인 동맹 파업의 슬로건인 '우리가 멈추면 세상도 멈춘다'를 가져온 우리나라의 '여성소비총파업'은 그동안 여성을 수동적인 소비자로만 여기는 인식에 대한 정면 도전이라 할 수 있겠지?

푸른 수염

샤를 페로

　옛날 어느 나라에 아름다운 성을 가진 부유한 남자가 살고 있었어. 서늘한 기운이 풍기는 푸른 수염은 그의 못생긴 얼굴을 두렵게 만들었어. 더구나 그와 결혼했던 여덟 아내가 어떻게 되었는지 아무도 몰랐기 때문에 사람들은 그를 무서워했지.

　한편 그의 성 근처에는 아름다운 두 딸을 가진 귀부인이 살고 있었는데 어느 날 '푸른 수염'이 귀부인의 딸들을 찾아와 청혼을 해. 당연히 두 딸들은 무섭다고 거절했지. 하지만 푸른 수염은 포기하지 않았고 그녀와 그녀들의 친구, 친척들을 모두 자기의 성으로 초대해 아름답고 호화로운 것으로 대접했어. 며칠 밤을 함께 지낸 귀부인의 막내딸은 푸른 수염을 더 이상 무섭지 않다고 생각했어. 그렇게 귀부인의 막내딸은 푸른 수염의 청혼을 받아들여서 그의 아홉 번째 아내가 되었단다.

　그러던 어느 날이었어. 푸른 수염은 먼 곳에 일이 있어 몇 달 동안 집을 비운다며 아내에게 집안의 열쇠를 모두 맡겼지. 그 열쇠들은 보물과 보석이 들어 있는 방의 열쇠들이었어. 푸른 수염은 자기가 없는 동안 친구를 불러도 좋고 모든 방을 들어가 봐도 좋지만 딱 하나 아랫방으로 통하는 긴 복도 끝에 달린 작은 방만은 열면 안 된다고 당부했어. 푸른 수염이 떠나자 친구와 언니가 그녀를 만나러 왔어. 모두 그녀의 화려한 삶을 부러워했어. 하지만 푸른 수염의 아내가 된 막내딸은 복도의 맨 끝 방안에 무엇이 들었는지 너무나 궁금했어. (문을 열려고 하지 않은 푸른 수염의 아내를 언니가 설득해서 열게 했다고도 해.)

그래서 어떻게 했냐고? 남편의 말을 어기고 그녀는 복도의 가장 끝 방의 문을 열고 들어갔지 뭐야! 처음엔 창문이 모두 닫혀 있어 그 안에 무엇이 있는지 보이지 않았어. 하지만 그녀는 곧 사라졌다는 푸른 수염의 여덟 신부들을 볼 수 있었어. 처참하게 죽임당한 모습의 신부들을 말이야. 그녀는 너무나 놀라 작은 방의 문을 닫고 급하게 올라왔는데 그 방 열쇠에 묻은 피가 지워지지 않는 거야. 아무리 닦으려 해도 말이야.

그리고 바로 그날 밤, 하려던 일이 빨리 해결됐다며 푸른 수염이 돌아왔어. 그는 돌려받은 열쇠 중 피가 묻은 열쇠를 발견하곤 그녀에게 불같이 화를 내. 그녀 역시 다른 여덟 신부들처럼 죽게 되고 그 방에 전시될 것이라고 위협하면서 말이지. 하지만 이 날은 그녀의 오빠들이 자신을 보러 오기로 한 날이었어. 그래서 그녀는 죽음을 앞에 두고 신에게 기도할 수 있게 해달라고 부탁하며 시간을 끌려고 했어. 그런데 오빠들의 모습은 보이지 않았지. 이제 그녀는 더 이상 시간을 끌 수 없을 지경이 되었어. 푸른 수염이 칼을 뽑아 그녀를 내리치려던 순간, 기적적으로 오빠들이 도착했고 오빠들은 푸른 수염의 심장에 칼을 꽂아 죽였어. 푸른 수염이 죽자 그 많은 재산은 이제 그녀의 차지가 되었어. 그녀는 언니와 오빠들에게 재산을 나눠 주고 매우 훌륭한 남자와 결혼해 행복하게 살았대.

그러니까
네가 죽는 거야

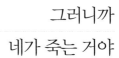

　형, 오늘 학교에서 무슨 일이 있었는지 알아? 형도 우리 국어샘이 동화책을 읽고 젠더 문제에 관해 살펴보라고 했다는 거 알고 있지? 나도 그래서 이런저런 책들을 읽는 중이고. 그런데 오늘 어떤 아이가 샤를 페로의 《푸른 수염》이라는 작품을 소개했어. 그런데 그 내용이 무려 여성 연쇄 살인이야! 애들은 살인이라는 말에 귀가 쫑긋해졌지. 자극적인 내용이니까. 그리고 발표가 끝났을 때 교실 안은 잠시 정적이 흘렀어. 발표를 한 아이가,

　"이렇게 위험한 호기심을 가지면 죽는 거예요. 그러니까 죽을 만한 일은 하지 마세요."라고 말했거든. 선생님도 당황해서 가만히 서 계시더라. '얘는 뭐지? 저 말 진심?' 하고 있는데 더 당황스러운 건 교실 뒤편에서 들리는 "여자들이 저러니까 죽는 거야."라는 말이었어. '어, 저 말은 위험한 것 같은데……' 하는 생각이 머릿속을 스칠 무렵 국어샘께서 "여자들이 뭘 어떻게 했기에 죽는 게 당연해?" 하면서 얘기하시는 거야.

　그래서 우리 반은 '푸른 수염'의 살해 행위에 대해 뜻하지 않게 이야기하기 시작했어. 물론 살인이 잘못되었다는 건 모두가 인정했어. 주된 이야기는 여자가 남편의 말을 듣지 않은 것에 대해 아니 들어야만 하는 것인가에 대한 이야기였어. 여친이 있는 친구들은 종종 여친이 마음대로 하거나 자신의 말대로 해주지 않을 때 화가 난대. 무시당한 것 같다는 거야. 부모님들이 부부 싸움을 하는 이유도 엄마나 아빠가 서로의 말을 들어주지 않기 때문이라고 이야기하면서 서로의 말을 듣지 않는 것은 잘못된 행동이라고 말했어.

하지만 무조건 상대방의 말을 들어줘야 할 필요는 없다는 이야기도 나왔어. 상대방이 무리한 요구를 할 수도 있고, 잘못된 행동임을 알면서도 모른 척하는 건 더 나쁜 결과를 초래할 수 있으니까 말이야. 그래서 결론은 '상대방의 의사를 최대한 존중해 주되 그럴 수 없는 경우도 있다' 뭐 그 정도로 마무리되었어.

하지만 나는 이런 이야기를 나누며 '어떤 일의 책임을 어느 한쪽으로 지우는 게 괜찮은 것인가?'하고 생각했어. 특히 이 동화처럼 여성들이 죽는 문제에 대해, 죽은 당사자에게 죽음의 이유를 묻는 일은 있어서도 안 되는 일이잖아! 그런데도 우리는 종종 텔레비전에서 여자들이 살해당한 이야기를 들으며 아무 생각 없이 "에고, 저러고 다니니까 죽지."하고 얘기하기도 해. 예를 들어 술을 먹고 늦은 밤에 귀가하다 사고가 났다거나, 노출이 심한 옷을 입고 다니다가 그랬다거나 등등하면서 말이야. 푸른 수염도 마찬가지잖아. 자신의 금기를 어긴 아내는 죽는 게 당연하다는 태도. 정말이지 이건 같은 남자로서 부끄럽다.

더구나 금기라고 하면 평소에 안 하던 것도 더 하고 싶어지잖아.(공부만 빼고) 그런데 금기의 구역으로 들어갈 수 있는 열쇠까지 쥐어 주면서 들어가지 말라니! 이건 정말 엄청난 유혹 아니야? 아마도 푸른 수염의 여덟 아내들도 그 마음을 이기지 못해서 열쇠를 넣고 방 안을 살펴보지 않았을까? 아니면 그중에는 사라진 동생이나 언니를 찾아보려고 일부러 그의 아내가 된 사람도 있었을지 모르는 거잖아.

어떤 이유든 푸른 수염은 여러 날이 걸린다고 아내에게 말하고 열쇠를 쥐어 주며 떠났겠지. 그리고 아내들은 그 방의 열쇠를 쓸지 말지를 선택해야 했을 거야. 아내들은 푸른 수염의 예상대로 그 열쇠로 문을 열어 보았을 거고, 그는 일이 빨리 끝났다며 아내들이 방을 열고 놀랐을 그 밤에 돌아왔을 거야. 아내들이 어디로 멀리 도망갈 수 없도록 말이야.

그런데 아내들은 왜 죽은 거야? 정말 그 방을 보여 주고 싶지 않았다면 굳이 열쇠에 대해 설명하고 맡길 필요도 없었을 텐데. 그러니까 푸른 수염은 처음부터 아홉 번째가 된 막내딸을 그냥 죽이고 싶었던 것이 아닐까 하고 나는 생각했어. 만일 그렇다면 아무 이유 없이 그녀는 죽을 수도 있었던 거지. 다행히 페로의 이야기는 그녀의 오빠들이 나타나서 푸른 수염을 죽이고 그의 재산을 차지하는 다소 억지스러운 해피엔딩이 되긴 했지만 말이야.

그런데 형, 결말은 아무리 해피엔딩이라지만 과정은 너무나 끔찍한 이 이야기가 어째서 동화가 되었을까? 문득 이 책이 어린이용으로도 출간되어 판매되는지 궁금해지는 거야. 그래서 어린이용으로 출판된 책들도 있는지 검색해 봤어. 아무래도 이런 내용을 어린아이들이 읽으면 안 될 것 같아서 말이야. '설마 이런 작품을 어린이용으로 만들었겠어?'하는 마음이었는데 '유아〉유아그림책〉세계 명작 동화'로 분류된 여러 출판사의 동화집으로 나와

19세기 귀스타프 도레의
푸른수염 삽화 중 하나

있더라고. 형! 도대체 어린이들은 이 책을 읽고 무엇을 느껴야 하지? 요즘 이렇게 이해하기 힘든 동화들을 읽으며 나는 동화책이 아이들이 아니라 어른들을 위한 것 같다는 생각이 자꾸 들어. 아이들을 어른들의 생각이나 기대에 맞게 기르기 위한 이야기라는 생각이 들거든.

《푸른 수염》에서 굳이 교훈을 찾는다면 '호기심이 지나치면 죽을 수도 있다'라는 것일 거야. 아이들에게 이런 무서운 이야기들을 읽히면서 호기심을 가지지 말고, 알려 주는 대로 순진하게 따를 것을 강요하는 건 아닐까. 그러니까 어쩌면 형과 내가 옳고 그름 혹은 맞고 틀림으로 기억하는 대부분의 생각들도 이런 동화들에서 비롯된 것은 아닐까? 우리는 《푸른 수염》을 읽고 무슨 생각을, 무슨 걱정을 하게 되었을까?

정해진 역할,
금기를 지켜야 하는 여성과 벌을 주는 남성

　그리스 · 로마 신화에 따르면, 인간에게 감히 불을 가져다준 신은 '먼저 생각하는 사람'이라는 뜻을 가진 프로메테우스야. 그 덕분에 인간의 삶은 전과 달라질 수 있었어. 하지만 이 일은 제우스의 심기를 불편하게 만들었어. 제우스는 프로메테우스의 이 행동이 자신에 대한 도전이라고 여겼고 그가 만든 인간 사회를 혼란에 빠뜨리기 위한 빅픽처를 실행해.

　우선 제우스는 무엇이든 만드는 대장간의 신 헤파이토스에게 여신급 미모를 갖춘 여성을 만들게 했어. 헤파이토스가 만든 이 여성은 직물의 여신이기도 한 아테나의 아름다운 옷감을 짤 수 있는 능력을, 사랑과 미의 여신 아프로디테의 아름다움을, 말을 잘하기로 소문난 신 헤르메스에게선 누구든 설득할 수 있는 말솜씨를 선물 받아. 그녀의 이름이 바로 판도라, '모든 것을 선물 받은 여인'이라는 뜻이지. 사실 이전까지 인간의 세상에 여자는 없었어. 인간을 빚은 프로메테우스는 남자만을 만들었거든. 그러니까 판도라는 이 세상에 태어난 첫 번째 여성인 셈이야. 그런데 그 여인이 여신과 견줄 만한 미모에 뛰어난 말솜씨까지 지녔으니 누가 봐도 마음을 빼앗길 수밖에 없는 존재였겠지?

한편 '나중에 생각하는 자(먼저 행동하는 자)'라는 뜻을 가진 동생 에피메테우스가 왜 남자만 빚고 여자는 만들지 않느냐고 묻자 프로메테우스는 '여인이 세상을 혼란에 빠지게 할 것'이라고 답한 적이 있어. 프로메테우스의 예언을 따르면 판도라의 등장은 세상이 혼란에 빠지게 될 징조나 마찬가지였지. 또 동생 에피메테우스에게 제우스가 보내는 선물을 절대 받으면 안 된다고 당부했었지.

얼마 후 정말 제우스는 에피메테우스에게 선물을 보냈어. 그녀가 바로 판도라였지. 그녀의 아름다운 외모에 눈이 먼 에피메테우스는 형의 경고를 잊고 판도라를 아내로 맞이해. 에피메테우스의 집에는 인간 세상의 온갖 부정적인 것들을 담은 상자(혹은 제우스가 판도라와 함께 준 상자라고도 해) 하나가 있었어. 그는 판도라에게 절대 그 상자를 열지 말라고 당부한 뒤 집을 비웠지. 하지만 판도라는 호기심이 많은 여자였어. 판도라는 상자 안에 무엇이 들었는지 궁금해하다가 그만 상자를 열었어. 바로 그 순간 그 안에서 있던 슬픔과 고통, 가난과 질병, 시기와 의심, 증오와 두려움 등 온갖 재앙이 빠져나왔어. 깜짝 놀란 판도라가 뚜껑을 닫았어. 하지만 이미 모든 것이 빠져나온 뒤였지. 오직 하나 희망만이 상자 바닥에 남는 바람에 이후 인간은 수만 가지 어려움 속에서도 마지막으로 남은 희망을 안으며 살아가게 되었다고 해. 어때? 제우스의 빅픽처! 그건 바로 여성을 통해 봉인된 재앙을 퍼뜨리려 했던 거지. (너무 치사하지?)

네가 읽은 《푸른 수염》에서도 호기심을 이기지 못했다는 이유로 여덟 명의 여인이 죽고, 거의 죽을 뻔한 아홉 번째 아내 역시도 호기심을 시험당해. 금기를 지켜야 하는 이들이 여성이라는 점에서 두 이야기는 비슷해. 그런데 왜 처음부터 지키기 어려운 금기를 지켜야 하는 성별이 여성인지 궁금하지 않니? 우리는 바로 이 점에서 여성에 대한 과거 사람들의 인식을 엿볼 수 있어.

고대 이후 현재까지 우리는 크고 작은 전쟁을 치르고 있고 (불행히도 지금까지!) 거기서 온갖 재앙들이 생겨났어. 또한 인류를 괴롭힌 각종 질병, 사람들의 마음을 헤집는 질투, 염려, 불안까지도 인간의 삶에는 설명하기 어렵고 원인을 알기 힘든 괴로움이 있었어. 그런데 이런 이야기들은 그 고통의 원인이 바로 여성 때문이라고 명쾌하게(!) 정리해 주는 역할도 해. 호기심을 참지 못해 세상을 재앙으로 밀어뜨린 여성은 쉽게 분노의 대상이 될 수 있으니까. '그까짓, 호기심 하나 참지 못하고! 세상을 이렇게 만들다니! 정말 화가 나는군. 여자들만 없었어도!' 하고 말이야. 하지만 이야기를 자세히 살펴보자. 인간의 삶을 절망으로 몰고 갈 것들을 모아 선물로 준 제우스와, 이기지 못할 호기심을 품게 한 에피메테우스는 과연 책임을 피할 수 있을까? 그런데 아무도 이들을 욕하지는 않아.

이 이야기들은 아주 아주 오랫동안 사람들에게 전해져 수많은 사람

들의 생각으로 이어지고 심지어 오늘날까지도 전해졌지. '여자가 문제야. 여자가 어떻게 하고 다녔기에, 여자니까' 등등의 말들이 바로 여전히 그런 생각들을 한다는 반증이 돼.

최근 뜨겁게 거론되는 '혐오'라는 단어의 출발도 바로 이런 뿌리 깊은 이야기에서 비롯된 것은 아닌지 모르겠어. 태어나면서 들어온 이야기들을 마치 사실처럼 받아들이고 머릿속에 각인하면서 여성 혹은 남성에 대한 혐오로 발전(?)된 것은 아닌지 하고 말이지. 이런 혐오는 쉽게는 상대에게 쏟아내는 말들이나 과격한 행동으로 표현되고, 극단적으로는 살해로 이어지기까지 하지. 더구나 상대적으로 남성에 비해 힘이 약한 여성이 살해되는 페미사이드는 우리 사회가 반드시 해결해야 할 문제야. 그 반대로 여성에 의한 남성 혐오 문제 또한 짚고 넘어가야해. 단지 성별이 혐오의 이유가 되어서는 안 되는 거니까 말이야.

p.s.
세상을 이해하기 위해 우리가 알아야 할
페미사이드

Genocide(제노사이드)라는 말 들어 봤니? 인종을 뜻하는 'geno'에 살해(자)를 뜻하는 접미사 −cide를 결합하여 만들어진 말이야. 특정 집단이나 인종을 학살한 경우에 쓰이는 말이지. 대표적인 예로는 2차 세계대전 동안 일어난 유태인 학살이 여기에 해당돼. 그렇다면 인종이 아닌 특히 여성에 대한 학살을 뭐라고 부르는지 알아? 그래, Femicide(페미사이드)야. 라틴어로 여자를 의미하는 말인 femi−와 살해(자)를 뜻하는 접미사 −cide를 결합해 만든 말이지. 남성의 여성 혐오적 살인이나 성차별적 테러리즘의 가장 극단적인 형태야. 페미사이드에 관한 UN 심포지엄(2012.11.26.)에서 다이애나 E. H. 러셀(Diana E. H. Russell)은 "한 명 이상의 남성들이 한 명 이상의 여성들을 여성이라는 이유로 살해하는 것"이라는 뜻으로 이 말을 정의했어.

우리나라에서는 2016년 5월 17일 강남역 근처 화장실에서 일어난 살인 사건이 페미사이드의 대표적인 사례야. 언론 보도의 통계를 내면 1.9일 간격으로 1명의 여성이 친밀한 관계에 있는 사람에게 살해당하거나 살해 위험에 노출되어 있는 것으로 알려졌어. 하지만 이런 사건을 보도하는 언론은 대부분 정신 이상이나 가해자의 불우한 환경에서 범죄 이유를 찾아. 가해자가 이상했기 때문이라는 거지. 하지만 정말 그럴까? 아니면 여성은 죽어도 괜찮다고, 혹은 여성이 죽을 만한 짓을 했다고 믿고 있는 건 아닐까?

80일간의 세계 일주

쥘 베른

벌링턴 가든스의 새빌로 7번가에 사는 필리어스 포그는 영국의 수많은 클럽 중 단 하나 리폼 클럽(reform club)에만 속했고 베어링 형제 은행에 계좌가 있다는 것 정도만 알려진 수수께끼 같은 인물이야. 1872년 10월 2일, 포그는 다른 날과 마찬가지로 11시 30분에 새빌로 집을 나와 오른발을 575번 내딛은 끝에 리폼 클럽에 도착했지. 그날 회원들은 사흘 전, 영국 은행에서 사라진 5만 5000파운드에 대해 이야기하고 있었어. 회원 중 한 명인 랠프가 세상이 매우 넓기 때문에 범인이 잡히지 않을 수도 있다고 주장했어. 바로 그때 평소 카드놀이 외에는 좀처럼 대화에 참여하지 않던 포그가 "지구를 한 바퀴 도는 데 80일이면 가능합니다."라는 말을 하고 그 사실 여부에 대한 논쟁이 벌어지지.

포그는 새로 개통한 인도 반도 철도를 타면 기차와 증기선으로 지구를 80일 안에 돌 수 있다고 주장해. 사람들이 불가능하다며 그의 말을 믿으려 하지 않자 포그는 클럽의 회원들에게 자신의 은행에 있는 2만 파운드를 걸고 직접 증명해 보이겠다고 해. 이 액수는 요즘으로 치자면 200만 파운드, 약 30억에 달하니 어마어마한 판돈이 걸린 내기인 셈이야.

사람들은 그의 실패에 돈을 걸었지. 포그는 집으로 돌아가 바로 그날 하인으로 채용된 프랑스인 존 파스파르투에게 계획을 말하고 여행 가방을 챙겨서 10월 2일 저녁 8시 45분에 런던을 떠나는 도버행 기차에 몸을 실었어. 무모해 보이는 80일간의 세계 일주의 첫 출발이 었어.

결론을 말하자면 포그는 런던을 출발해서 수에즈, 뭄바이, 캘커타, 홍콩, 요코하마, 샌프란시스코, 뉴욕을 지나 런던으로 돌아오는데 성공해. 물론 이들의 여행이 순탄했을 리 없지. 포그를 영국 은행의 도둑으로 오해한 픽스 형사는 그를 뒤쫓은 것에도 모자라 그가 제대로 일정을 수행할 수 없도록 방해해.

인도에서 포그는 철도가 끊겨 코끼리를 이용해야 했고, 인도 정글 안에서 발견한 힌두교 행렬에서 죽은 남편과 함께 태워질 위기에 처한 아우다라는 젊은 여자를 구하기도 해. 미국에서는 철도 여행 중 모르몬교도를 만나기도 하고, 인디언족의 공격도 받지. 예정된 배나 기차를 타지 못해 곤경에 처하지만 그때마다 포그는 지혜를 발휘해 문제를 해결하지.

하지만 12월 21일 11시 40분, 리버풀에 도착했을 때는 그 무엇으로도 해결하기 어려운 일이 일어나고 말아. 줄곧 그를 도둑으로 오인한 픽스 형사가 리버풀 항구에 도착한 포그를 체포하고 말거든. 포그가 도둑이 아님이 밝혀지고 기차를 탔지만 그들이 런던에 도착했을 때는 12월 21일 8시 50분이었어. 리폼 클럽까지 1872년 12월 21일 8시 50분에 도착하기로 했던 내기였기 때문에 거기까지 가면 5분이 늦은 8시 55분에 도착하는 셈이었어.

포그는 80일간의 세계 일주가 실패했다고 생각해 자신의 집으로 돌아가. 실패하긴 했지만 포그는 여행의 동반자였던 아우다와 결혼하기로 결심했지. 이 일로 목사님을 찾은 하인 파스파르투는 그날이 바로 12월 21일 토요일임을 알게 돼. 그러니까 이들이 런던에 도착한 8시 50분은 12월 20일 금요일 저녁이었던 거지. 어떻게 된 일이냐고?

그들이 동쪽을 향해 여행했기 때문에 경도 1도를 지날 때마다 4분씩 빨라졌고 지구를 한 바퀴 도는 동안 하루를 벌 수 있었던 거지. 뒤늦게 이 사실을 안 포그는 8시 50분에 극적으로 리폼 클럽에 도착해. 그래서 80일간의, 아니 79일 만에 세계 일주를 성공해 2만 파운드를 벌게 돼.

증기선, 기차, 마차, 배, 상선, 썰매, 코끼리까지 모든 이동 수단을 활용한 그의 여행은 그를 세상에서 가장 행복한 남자로 만들어 준 아우다를 아내로 맞으며 막을 내렸다고 해.

'힘'의 여정으로 얼룩진
80일간의 세계 일주

많은 사람들이 그렇겠지만 나 역시도 세계 일주에 대한 꿈이 있어. 우리나라를 출발해 아시아와 아프리카를 거쳐 아이슬란드의 레이캬비크에서 오로라를 보고 중남미 사람들의 열정 가득한 삶을 경험하고 일본을 거쳐 우리나라로 오는 거야! 어때? 멋지지? 아프리카의 사막 한가운데서 쏟아질 듯 가득 떠 있는 별을 보고 지구의 전자들이 만들어 내는 신기한 현상인 오로라를 보는 건 내 버킷리스트 중 하나야. 물론 돈도 많이 들고 쉽지는 않겠지만 말이야.

그런데 이 어려운 일을 1872년에 해낸 사람의 이야기를 읽었어. 물론 그는 아프리카의 별도, 아름다운 오로라도 못 보고 오로지 지구를 가장 빨리 한 바퀴 도는 것만이 목적이었지만 말이야. 경도를 따라 360도 한 바퀴를 도는 데 재산 절반을 판돈으로 걸고 내기를 한 남자지. 이 무모한 남자는 쥘 베른의 소설 《80일간의 세계 일주》의 주인공 필리어스 포그야.

이름인 포그(fog)처럼 그는 베일에 싸인 남자였어. 그는 매일 시계처럼 정확하게 움직였어. 그가 얼마나 정확한 걸 좋아했냐면 하인이

《80일간의 세계 일주》 1873년
초판 표지

었던 제임스 포스터가 면도에 사용하는 물의 온도를 30도가 아닌 29도로 맞춰 놓아서 해고된 것만 봐도 알 수 있어. 그러니까 그는 시간, 온도, 속도와 같이 숫자로 표현할 수 있는 세상 속에서 매우 정밀하게 살아가는 사람이었던 거야. (oh~no! 내 스타일은 아니야!!) 더구나 이 사람은 런던을 떠난 적이 없는 듯한 사람이었어. 그런데도 어떻게 그는 80일 만에 세계를 한 바퀴 돌 수 있다고 생각한 걸까?

그가 리폼 클럽에서 80일간의 세계 일주 내기를 제안하고 바로 그날 출발할 수 있었던 것은 아마도 그에 대한 준비와 계획이 이미 잡혀 있었기 때문일 거야. 신문을 통해 전해 들은 새로운 길과 교통수단에 대해 매우 잘 알고 있었다고밖에 생각할 수 없지. 그러니까 그의 세계 일주, 아니 그의 도전은 경험이 아닌 머릿속 계산으로 이루어진 날짜였던 거야. 물론 그게 나쁘다는 말을 하려는 것은 아니야. 그런 치밀한 계산 덕분에 예상치 못한 사고들로 인해 손해를 본 시간들까지 만회할 수 있었으니까 말이지. 과정이야 어찌 되었든 결과로 보면 포그의 80일간 세계 일주는 정말 대단한 일인 거지!

런던의 동쪽으로 인도와 홍콩, 일본을 지나 미국의 샌프란시스코를 지나는 그의 여정은 나의 꿈과는 좀 다른 방향이지만 그의 도전 정신과 행동력은 정말 배울 만하다고 생각해. 그래서 이 소설을 아주 흥미진진하게 읽었어!

근데 형, 이 소설을 다 읽고 나서 작품에 대해 찾으니 흥미로운 것들을 알 수 있었어. 처음엔 포그가 정말 멋져 보였는데 작품에 대해 살펴보니 어쩌면 이 소설은 영국이나 프랑스에 대한 비웃음을 담은 책이 아닐까 하는 생각이 들었거든.

그들이 이동 경로로 이용한 수에즈 운하, 인도 반도 철도, 미국의 대륙 횡단 철도는 각각 프랑스, 영국, 미국의 역사적인 건설 현장이었더라고. 수에즈 운하는 지중해와 홍해를 잇는 164킬로미터로, 사막을 가로질러 뚫린 뱃길이었어. 이 운하는 프랑스가 1859년에 건설을 시작해서 완공하기까지 무려 10년에 걸친 대공사였어. 인도 반도 철도는 영국에 의해 건설된 것으로 1870년 총 길이 2,127킬로미터에 이르는 철길이었어. 수에즈 운하나 인도 반도 철도는 프랑스와 영국이 식민지로 삼은 나라에서 생산되는 식료품이나 원료를

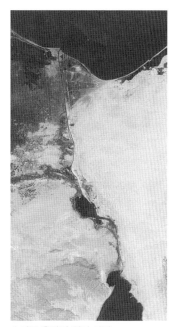

수에즈 운하의 위성 사진

더 빠르게 자국으로 운반하기 위한 욕망을 담은 길이었어.

미국의 대륙 횡단 철도는 자국 영토에 건설된 엄청난 길이의 철도였지. 1830년대에 동부 지역부터 선로를 깔기 시작했는데 1850년에는 이미 1만 4,500킬로미터까지 깔렸다니 정말 대단하지. 남북 전쟁(1861~1865년) 이후 미국 내 철도 사업은 '더 빨리 더 멀리'의 속도전으로 치달았어. 이 과정에서 수많은 노동자들이 고된 노동에 시달리고 위험은 말할 수 없이 많았대. 미국의 대륙 횡단 철도 역시 자국의 이익을 위해 골드러시를 찾아온 수많은 외국인 노동자들의 목숨을 담보로 했다는 점에서 영국, 프랑스와 별반 다르지 않은 거지.

그런데 내가 왜 이 작품이 그들에 대한 비웃음이라고 읽었냐면, 그건 마지막 장면 때문이야. 그렇게 정확한 것을 좋아하는 포그 씨도, 유쾌하지만 자존심은 센 파스파르투도 시간을 제대로 맞추지 못하잖아. 픽스 형사가 파스파르투에게 자오선에 따라 시간을 맞춰야 한다고 말했지만 파스파르투는 이 사실을 받아들이지 않아. 결국 이 때문에 2만 파운드라는 거대한 판돈을 잃어버릴 뻔하지. 그러니까 이 소설은 헛똑똑이 포그로 대표되는 영국이나 자존심 때문에 사실을 외면하는 파스파르투인 프랑스나 모두 바보 같다고 비웃는 것은 아닐까 싶었어.

그리고 말이야, 형! 소설을 읽으며 그의 모험과 엄청난 비용을 지불하는 결단에 종종 놀라기는 했지만 여러 부분에서 기분이 썩 좋지는 않았어. 왜냐하면 그들이 주로 지나는 나라들이 유럽의 식민지였기 때문이야. 영국을 두고 '하루 종일 해가 지지 않는 나라'라는 말을 한 까닭이 바로 수많은 식민지들 때문이었다는 걸 다시 느끼게 되었다고나 할까? 게다가 다른 나라를 바라보는 영국인과 프랑스인의 시선 역시도 매우 불편했어. 나도 유럽인이 아닌 아시아인이어서 그런 건지는 모르겠지만 말이야. 아무튼 이 소설은 남자들의 로망을 담고는 있지만 그의 여행을 무조건 따라 하고 싶은 생각은 없어. 경도를 따라 지구를 360도 도는 게 무슨 의미가 있다고 말이야!

세계 일주를 한 여성의 이야기는
어디로 갔을까?

수상한 신사 필리어스 포그의 80일간의 세계 일주는 사람들을 깜짝 놀라게 만들었지. 마차가 이동 수단이었던 시절에 기차와 증기선으로만 80일 만에 지구를 돌겠다는 포그의 말에 사람들이 코웃음을 친 건 당연한 일일 거야. 아무리 치밀하게 계산해도 사람의 노력으로는 어쩔 수 없는 기상 악화, 약탈, 기차나 배의 지연과 연착 등 변수가 있어. 이 것을 감안하면 불가능한 일이라는 사람들의 말은 꽤 합리적이야.

하지만 포그는 그들의 우려처럼 여러 일을 겪었음에도 정확히 79일 만에 런던의 경도를 따라 360도, 지구 한 바퀴를 도는 데 성공했지. 정말 놀라운 일이었을 거야. 더구나 위대한 영국 신사가 최초로 지구를 80일 만에 도는 데 성공했다는 것에 더 놀랐을지도 몰라. (물론 소설이라 가능했다고 말할 수도 있겠지만.)

네 말처럼 당시 포그는 프랑스와 영국의 식민지를 차례차례 건너가. 그는 아주 짧은 시간 동안만 그 나라에 머물며 사람들의 삶을 관찰해. 포그와 파스파르투가 관찰한 인도, 홍콩, 일본의 사람들은 아편에 찌들어 있거나 미개한 풍습을 그대로 유지하는 민족들이야. 그러니까 네가 불편함을 느낀 건 이 소설이 세상을 영국 남성의 입장에서 바라보기 때문일 거야.

만약 주인공이 영국인이 아니라 우리나라 사람이거나 인도인, 아프리카인이었다면 어땠을까? 아마 지구 한 바퀴를 돌며 만나는 세상에 대해 조금 다르게 적지 않았을까?

세계 일주를 도전한 한 여성의 이야기는 어디로 갔을까?

누구의 시선으로 세상을 보느냐는 그래서 매우 중요한 문제야. 그런데 만약 남자가 아닌 여자가 여행을 떠났다면 또 어땠을까? 아니, 가능하기는 했을까?

이런 질문을 하다 보면 포그가 인도에서 구한 아우다가 떠올라. 아우다 역시 포그와 함께 지구 삼분의 일 이상을 돌았으니까 말이야. 하지만 아우다는 그저 포그를 따라다닌, 아니 포그가 구출한 여자 그 이상의 의미도 되지 못해.

소설의 마지막 부분에서 80일간 여행으로 포그가 얻은 것은 돈도 명예도 아닌 아우다라고 말해. 상금 2만 파운드 중 1만 9000파운드는 이미 여행 경비로 사용했고 나머지 돈은 하인이었던 파스파르투와 자신을 쫓던 픽스 형사에게 나누어 주었거든. 물론 아우다가 그를 세상에서 가장 행복한 남자로 만들어 주었다고 해도 이 부분은 다시 생각해 봐야 할 지점이야. 아우다 역시 거친 파도, 인디언의 약탈, 개가

끄는 썰매를 타고 여정을 함께했음에도 그녀는 포그를 위한 존재로만

그려진 거야. 왜냐하면 여자는 세계 일주와 같이 어렵고 힘든 일은 애

당초 할 수 없는 존재들이라고 여겼으니까. 아우다의 모험은 포그의

돌봄이 있어 가능했다고만 생각하는 거지. 형이 너무 비약하는 것 같

다고? 그럼 비슷한 시기에 일어난 사건 하나를 들려줄게.

　당시 《80일간의 세계 일주》를 읽은 넬리 블라이라는 여성 저널리스트가 책 속 주인공인 포그에게 도전하거든. 넬리 블라이는 1889년 11월 14일 뉴욕을 떠나 영국, 프랑스, 이탈리아의 수에즈 운하를 거쳐서 스리랑카의 콜롬보, 홍콩, 페낭 반도, 일본을 거쳐 다음 해 1월 25일에 돌아와. 그녀가 지구를 도는 데 걸린 시간은 72일 6시간 7분 14초였어. 포그보다도 더 빠르게 지구를 돌고 온 거야. 하지만 이렇게 당찬 그녀도 세계 일주의 출발이 쉬웠던 것은 아니었어. 사람들은 그녀를 걱정하며 이렇게 말했어.

"불가능합니다…. 무엇보다 여자라서 보호자가 필요해요. 혼자 여행할 수 있다고 해도, 무거운 짐을 들고 다녀야 하기 때문에 빨리 이동하기가 힘들 겁니다…. 의논할 것도 없습니다. 이 일은 남자만 할 수 있어요."

_《넬리블라이의 세상을 바꾼 72일》(넬리 블라이 지음, 모던아카이브)에서.

넬리 블라이

그러니까 많은 사람들이 이런 세계 일주는 남자들만 가능한 것이라 생각했다는 거야. 물론 넬리 블라이는 평범한 여성은 아니었어. 그녀는 기자였고 1887년 뉴욕시 정신병원에 잠입해 환자들에게 가한 학대를 취재할 만큼 모험심이 강한 여성이었지. 그녀는 요즘

넬리 블라이가 세계 일주를 떠나는 모습

말로 하면 걸크러쉬 그 자체였어.

하지만 그녀만큼 대단하지 않다고 해도 너처럼 세계를 한 바퀴 돌고 싶다는 꿈을 품고 실행해 보는 일이 뭐가 잘못된 것일까?

당연히 잘못된 일이 아니지. 너처럼 별이 쏟아진다는 사막의 밤하늘을 보고 싶고, 추운 바람에 온몸을 떨어도 오로라가 눈앞에 펼쳐진 광경을 보고 싶다면, 그래서 오랫동안 준비한다면 누구나 세계 일주를 떠날 수 있다고 생각해. 만약 이 여행이 여성에게 더 위험하다면 그건 성별의 문제가 아니라 그 사회가 여성을 위험하게 방치한 것이니 그것을 고쳐야 하겠지.

형이 길게 돌려 말하고 있는데 혹시 형이 정말 하고 싶은 말이 뭔지 알겠니? 그래. 나는 네가 말한 '남자들의 로망'이라는 말에 딴지를 걸고 싶은 거야. 형도 종종 아무 생각 없이, 남자들의 로망이라는 말을 쓸 때도 있어. 그런 말들이 반복해서 쓰이면 결국 성별에 따라 바라는 바와 취향마저도 결정되게 되는 것 같다는 생각이 들어. 남자들은 자동차, 스피커, 서재 등에, 여자들은 옷이나 화장품, 귀금속에 관심을 가져야만 할 것 같아.

현실이 이렇다 보니, 반대의 상황이나 남들과 다른 취향을 지닌 사람들은 특이한 취급을 받기 십상이지. 그냥 각자 개성이 다른 건데도 말이야.

로망이라는 말은 중세 프랑스어 'romanz'에서 유래했고 '낭만'이라는 뜻이야. 12~13세기에 연애 소설류를 가리키는 말로 사용되다가 최근에는 꿈이나 공상의 세계를 동경하고 감상적인 정서를 중시하는 태도를 뜻하는 말로 쓰이지. 그러니까 이 말은 쉽게 이루어질 수 없는 어떤 것을 간절히 바라는 마음을 뜻한다는 거지. 그런데 이런 마음조차 남자와 여자를 나누는 게 무슨 의미가 있겠니? 형은 네가 세계 여행을 꿈꾸는 것은 좋지만, 그것을 '남자라면'이라는 말과 함께 쓰지는 않았으면 좋겠어. 알았지? 누구의 꿈이나 취향이든 존중할 줄 아는 지호가 되길 바라.

p.s.
세상을 이해하기 위해 우리가 알아야 할
나다움

'나답다.'

어떻게 사는 게 나다운 것일까? 추측해 보면, 이 말은 '스스로를 사랑하고 표현하는 일'을 뜻하겠지. 좋은 뜻이고 또 맞는 말이고 더구나 필요한 일이라는 것도 알겠지만 어떻게 해야 나답게 살아가는 것인지는 알기 어려워. 그렇다고 우리가 모두 똑같은 모습으로 똑같이 살아가고 있을까? 아니, 그렇지도 않지. 우리는 모두 다른 생김새, 다른 취향, 다른 가치관 등을 가지며 살아가. 다만 나답게, 혹은 내 마음껏 하지 못하는 답답함을 느껴. 도대체 이 답답함은 어디에서 시작되는 걸까?

아마도 그것은 우리가 이 세상에 혼자서 존재하는 게 아니기 때문일 거야. 타인과의 관계, 타인의 기대, 타인의 시선 등을 의식하면서 행동하고 말하고 혹은 선택하기도 해. 또 자신의 취향이나 개성 때문에 오해받고 상처받지 않을까 염려하기도 하지. 그러다 보니 나이, 성별, 사회적 지위 등에 따라, 좋아해야 하는 일이나 할 수 있는 일 등을 결정하는 것처럼 보이기도 해. 이를테면 십 대 남학생이라면 당연히 축구를 좋아하고, 십 대 여학생이라면 당연히 패션과 화장에 민감할 것이라고 말이야.

하지만 조금 더 생각해 봐. 대다수가 좋아하는 것이라고 해서 꼭 나도 좋아해야 할 필요는 없는 거잖아? 바로 이 사이에 존재하는 게 '나다움'이 아닐까. 물론 조금 두려울 수는 있겠지. 유행에 뒤처지는 것처럼 느껴질 수도 있으니까 말이야. 하지만 유행이라는 건 또 뭐니? 그건 모두가 같은 것을 일시적으로 따라 하는 거잖아. 개인의 개성과는 무관하게 말이지.

물론 모두 제멋대로 자기 마음대로만 살아갈 수는 없을 거야. 왜냐하면 우리는 함께 살아가야 하는 존재이기도 하니까. 하지만 조금씩은 자신만의 개성과 취향을 가져도 되지 않을까? 타인의 시선을 너무 의식하지 말고 말이야. 너다운 것, 너만 할 수 있는 것 혹은 네가 꼭 하고 싶은 것에 집중해 보렴.

행복한 왕자

오스카 와일드

　높고 둥근 기둥 위, 도시를 한눈에 내려다볼 수 있는 곳에 온몸이 금으로 덮여 있고 사파이어 눈을 가진 왕자의 동상이 서 있었어. 그의 손에는 크고 붉은 루비가 빛나는 검이 들려 있었지. 그 도시의 사람들은 어디서나 볼 수 있는 이 동상을 '행복한 왕자'라고 불렀어.

　하루는 빛나고 아름다운 왕자의 동상을 본 시의회의 의원이 "왕자는 지붕에 달린 수탉 풍향계처럼 아름답단 말이야."라고 감탄하다 "풍향계만큼 쓸모가 없어서 탈이지만."라는 말을 덧붙였어. 의원은 사람들이 아름다움만 얘기하는 자신을 실용적이지 못한 사람이라 생각할까 봐 두려웠거든.

　또 달을 따 달라고 우는 아이의 어머니는 "왜 너는 행복한 왕자를 좀 닮지 못하니? 행복한 왕자는 꿈에서도 뭘 달라고 우는 일이 없어."라며 아이를 나무랐어.

　절망 속에 슬퍼하던 한 사내는 "그래도 세상에 정말 행복한 사람이 있다는 게 다행이지 뭐야."라며 왕자의 동상을 바라봤어.

　어느 날 행복한 왕자의 동상 발 사이에 제비 한 마리가 날아왔어. 따뜻한 곳을 찾아 친구들과 함께 이집트로 떠나야 했지만 갈대와 사랑에 빠져 도시에 남은 새였어. 하지만 갈대는 제비만을 사랑하지 않았어. 갈대는 바람만 불면 애교를 부렸고, 함께 떠나자는 제비의 제

안에 집을 너무 좋아해서 떠날 수 없다 말했지.

제비는 화가 나고 슬퍼서 갈대를 떠나 새롭게 묵을 곳을 찾았어. 그래, 그곳이 바로 행복한 왕자의 발 사이였어. 그런데 어쩐 일인지, 맑은 하늘에서 빗방울이 똑, 똑, 똑 하고 떨어지는 거야. 제비가 이상한 날씨라고 생각하고 하늘을 올려다보았어. 그것은 빗방울이 아니라 왕자가 흘리는 눈물이었어.

궁정에 살던 왕자는 자신이 살아 있을 때에는 눈물을 전혀 몰랐다고 얘기해. 높은 담벼락으로 둘러싸인 궁정은 슬픔이 머무를 수 없는 곳이었으니까. 모든 것이 아름다웠던 그곳에서 왕자는 친구들과 행복하게 지냈고 신하들은 그를 행복한 왕자라고 불렀어. 왕자가 죽고 그를 동상으로 만들어 세우며 납으로 된 심장을 만들어 넣었지. 그런데 높고 둥근 기둥 위에서 내려다본 도시의 모습은 그를 슬프게 했어.

왕자는 제비에게 자신의 부탁을 들어줄 수 있냐고 묻지. 왕자의 부탁은 가난한 재봉사에게 검에 박힌 루비를, 작가를 희망하는 남자에게 한쪽 눈의 사파이어를, 성냥을 파는 소녀에게 나머지 눈의 사파이어를 가져다주라는 것이었어. 제비는 그럴 수 없다고 했지만 왕자의 간곡한 부탁에 어쩔 수 없이 루비와 사파이어를 빼내 그들에게 가져다주었지. 왕자 덕분에 재봉사, 작가, 소녀는 행복해질 수 있었어.

더 이상 앞을 볼 수 없는 왕자를 떠나지 못한 제비는 도시에서 본 것들을 말해 줘. 이제 왕자는 자신의 몸에 얇게 덮인 금 조각을 떼어다 사람들에게 나누어 주라고 하지. 하나둘 얇은 조각은 그렇게 벗겨졌고 그토록 반짝이던 동상은 시커멓게 변하고 말아.

한편 추위를 피해 이집트로 갔어야 했던 제비는 더 이상 추위를 견딜 수 없었어. 제비는 그래도 왕자의 곁을 떠나려 하지 않았지. 왕자를 너무 사랑하게 되었기 때문이야. 제비는 마지막 순간, 왕자의 입에 키스를 하고 왕자의 발밑에 떨어져 죽었어.

제비가 죽은 다음 날, 시장과 시의회 의원들은 시커멓게 변한 왕자의 동상을 보고 너무 초라하게 변했다며 조각상을 끌어내렸어. 아름답지 않으니 쓸모가 없다고 말이지. 그리고 조각상을 녹였는데 왕자의 납 심장은 용광로에서 녹지 않았어. 주물공장의 감독은 이상하다며 죽은 제비가 누워 있는 쓰레기더미에 납 심장을 가져다 버렸어.

이 도시에서 가장 귀한 두 가지를 가지고 오라는 하느님의 명령에 천사는 바로 이 납 심장과 죽은 제비를 갖다 바쳤지. 하느님은 제대로 골랐다며 귀여운 새는 천국의 정원에서 노래를 부르고, 행복한 왕자는 황금 도시에서 자신을 찬양하게 했다나 봐. 영원히.

세상을 구하느라
왕자도 힘들어!

　형, 대박 신기! 세상에 쓸모없는 건 없다더니, 정말 그 말이 맞나
봐. 국어샘이 읽으라고 하는 동화책 때문에 처음엔 막막했는데 세상
에 이 과제 덕분에 독서토론 대회에 나가게 생겼어. 학교 대표로 나가
고 싶어 하는 애들이 많았지만 내가 또 이 대단한 일을 해냈지 뭐야!
하핫. 아무튼 학교 예선을 무사히 치르고 2주 뒤에 지역 예선에 나가.
좋은 소식을 기대해 줘! 올해 선정된 도서는 오스카 와일드의 《행복
한 왕자》고, 토론 주제는 '행복한 왕자가 사람들을 도운 방법이 옳은
가?'야.

　자신이 가진 소중한 보석과 온몸을 덮은 금박을 벗겨 내 사람들에
게 나누어 준 행복한 왕자의 행동이 올바른 것인지에 대한 질문인데
그 답을 찾기 위해 오스카 와일드의 책을 읽었어. 처음에 나는 당연히
옳은 행위가 왜 토론의 주제가 되었는지 잘 이해가 되지 않았어. '타
인을 위해 자신의 것을 나누는 행위가 왜? 뭐가 잘못이지?' 싶었거
든. 그런데 여러 번 읽어 보니 왕자가 루비나 사파이어를 사람들에게
나누어 주었음에도 세상은 달라지지 않았어. 오히려 자신의 몸에 있

는 금박까지 벗겨 내야 했지.

그런 다음에는 세상이 달라졌을까? 아이들만이 빵을 살 수 있다고 기뻐했을 뿐 사람들은 자신이 받은 금과 보석이 어디에서 왔는지 전혀 알지 못해. 자기들이 늘 바라보던 행복한 왕자의 동상이 금빛에서 잿빛으로 변했는데도 말이야. 오히려 보기 싫어졌다는 이유로 동상을 철거하고 용광로에 녹여 버리지. 왕자는 가진 모든 것을 주었지만 사람들은 그걸 전혀 몰랐던 거야.

타인을 위한 조건 없는 이타심과 선행이 올바른 것일까? 처음으로 나는 이 문제에 대해 고민하게 되었어. 뭐, 우리가 토론 주제의 찬성과 반대 중에 어떤 것을 맡을지 몰라 입론과 반박 질문을 여러 개 준비했지만, 준비하는 내내 사실 무엇이 정말 사람들을 구할 수 있는 것인지 의문이 들었어. 그 덕분에 당시 영국 사회에 대해서도 공부했고, 오스카 와일드의 개인적인 삶에 대해서도 알게 되었어.

1888년 5월에 처음 나온 이 작품은 이미 산업 혁명을 거친 영국이 세계 최강국이 된 이후에 나왔어. 세계 최강국이라고는 해도 많은 사람들이 몰려든 도시에는 가난과 질병, 죽음이 넘쳐나는 노동 환경이 있었대. 1840년대에는 노동자들이 밀집해 살던 런던 동부 지역의 기대 수명이 스무 살을 갓 넘겼다는 통계도 있다고 해. 얼마나 생존의 조건이 나빴는지 알 수 있지. 그런데 바로 그런 시기에 개인의 이타적인 행동으로만 문제를 해결할 수 있었을까? 글쎄. 나는 잘 모르겠어.

또 이 작품의 작가인 오스카 와일드의 삶도 만만치 않더라고. 그는 의사 아빠, 작가 엄마 사이에서 태어났고 어디를 가나 눈길을 끄는 외모와 화려한 복장, 뛰어난 재능까지 갖추었지만 동성애 성향으로 인해 감옥에 투옥됐고 마흔 여섯에 쓸쓸하게 죽어 갔어. 《행복한 왕자》를 썼지만, 그의 삶은 그다지 행복해 보이지 않았어.

왕자가 세상을 구하려고 한 방법이 맞는지를 자꾸 의심하다 보니, 이 작품이 왕자의 선행을 칭찬하는 작품이 아니라 왕자의 행동을 비판하려는 것은 아닌가 의문도 생겼어.

더구나 도시의 사람들, 그중에서도 어른들의 말이나 행동을 보면 과연 아름다운 것이란 무엇인가에 대해서도 의문이 생겨. 예술을 좀 아는 사람처럼 보이고 싶지만 실용적인 사람으로도 보이고 싶은 시장이나 의원들, 세상엔 천사가 없다고 딱 잘라 말하는 수학교사, 절망 속에 있지만 빛나는 동상을 보며 행복한 누군가가 있다고 스스로 위로하는 청년을 보며 아름다움 혹은 쓸모 있음에 대해 다시 생각해 보게 되더라고. 왜 학교를 다니면서 맨날 하는 말 중 하나가 '학교에서 배우는 게 쓸모없다'는 말이잖아. 그런데 이 작품을 읽으면서 도대체 그 쓸모가 무엇을 혹은 누구를 기준으로 하는 것인지를 의심하게 되었어. 나 좀 기특하지? 하핫. 어쩌면 이런 생각을 할 수 있게 된 것도 쓸데없다고 투덜거리며 동화책을 다시 읽게 된 덕분인지도 몰라.

마지막으로 이 작품을 읽으면서 왕자가 세상을 구하는 방식이 남자들에게 꽤나 큰 짐이 된다고 생각했어. 다른 동화들처럼 이 이야기도 착한 왕자, 도움이 필요한 가난한 사람으로 인물을 단순하게 나누고 착한 왕자가 가난한 사람들과 세상을 구하는 것처럼 보이잖아. 그래서 한편으로는 오히려 왕자가 더 불쌍하다는 생각도 했어. 차가운 동상이 되었어도 왕자는 시민들을 걱정하고 그들을 위해 봉사하고 세상을 구하기 위해 노력해야 하잖아! 다른 동화들에서도 역시 왕자들은 공주를 구하고, 마녀들을 물리치고, 세상을 바꾸기 위해 노력해.

형! 세상을 구하는 공주보다는 세상을 구하는 왕자 이야기가 넘쳐 나는 게 남자들에게 얼마나 부담이 되는지 알지? 뭔가 해결해야만 할 것 같고 또 뭔가 책임져야 할 것만 같아. 행복한 왕자나 공주가 아닌 그냥 한 사람이면 안 되는 걸까? 성별을 나누고 역할을 지어 주는 거 말고 말이야.

한쪽 편이 아닌 경계에 서서
세상을 바라본다면

와, 축하해! 독서토론 대회에 나가게 된 거 말이야! 네가 쓸모없다고 생각한 일이 결국에는 쓸모가 있었네. 아마도 형과 나눈 편지의 역할도 있겠지? (많이 고마워해라!)

왕자와 공주에 대한 기대는 너와 나 그리고 많은 여성들에게 부담을 주는 게 사실이야. 왕자는 누군가를 구하고 문제를 해결해야 하고, 공주는 예쁘고 순종적이어야 한다는 생각을 자꾸만 심어 주거든. 네 말처럼 행복한 왕자나 공주보다는 행복한 사람이라는 말이 훨씬 더 좋을 것 같네.

그런데 지호야, 행복하다는 건 뭘까? 어떤 게 있고 없을 때 행복하다고 이야기할 수 있을까? 또 아름답다는 건 뭘까?

이번에 형은 이 이야기를 읽으며 이런 궁금증이 생겼어. 가난하고 절망에 빠진 청년이 행복한 누군가가 있어 다행이라고 여기는 부분에서, 또 작가를 지망하던 청년이 푸른빛 사파이어를 보며 기뻐하는 모습에서 행복은 무엇인지 묻지 않을 수 없었거든. 이들에게 행복은 마치 돈으로 대신할 수 있는 존재인 것 같아서 말이야.

하지만 그들의 행복은 하느님의 황금 도시에서 영원히 머물게 된 왕자와 달리 끝이 있을 것만 같아. 사파이어가 가져다준 행복은 언젠가 끝나고 말 테니까 말이야. (영원한 황금 도시에서 황금은 귀한 것이 아닐 테니 이 둘은 비교하지 말고!)

그럼 배고픔 때문에 아이를 돌볼 수도 자신의 꿈도 펼칠 수도 없는 이들은 어떻게 해야 할까? 행복한 왕자가 했던 것처럼 이들에게 먹을 것을 살 돈을 나눠 주는 것은 근본적인 해결이 되지 못해. 네 말처럼 그건 한 개인의 희생이나 이타심만으로는 해결할 수 없는 문제니까 말이야. 그리고 이런 부분이 국가가 존재하고 복지에 대해 고민해야 하는 이유이기도 해.

너도 알고 있는 것처럼 산업 혁명을 거치며 영국에는 수많은 빈민이 생겨났어. 전체적으로는 부유해졌지만 부의 불평등은 심했지. 착한 마음씨만 가지고는 많은 이들의 가난과 질병을 해결할 수 없었어.

월터 크레인이 그린 《행복한 왕자》 삽화

1870년대 영국 전체 실업자 175만 명 중 런던에서 도움의 손길을 받을 수 있는 사람은 2000명 정도였다고 해. 당시의 현실이 얼마나 참혹했을지 상상할 수 있겠지?

이런 시대에 작가가 착한 마음씨에 기대는 작품을 썼다고 보기보다 착한 마음으로 해결할 수 없는 사회에 대해 비판했다고 보는 게 훨씬 설득력 있는 것 같아. 오스카 와일드의 《행복한 왕자》는 당시의 슬픈 현실을 반영하고 빈곤과 같은 사회 문제의 심각성을 알리는 작품인 거야.

그럼 오늘의 현실은 더 나아졌을까? 분명 국가는 더 많은 사람들의 복지를 위해 애쓰고 많은 구호 단체들이 굶주리고 아픈 사람들을 돌봐. 그렇지만 여전히 세상에는 가난하고 아픈 이들이 많이 있고 평등한 부를 운운하는 사람들은 이상주의자로 취급당하기 일쑤지. 더구나 가난한 이들이 아무리 발버둥치며 노력해도 형편이 나아지기 힘들어. 그래서 원치 않게 가난을 다음 세대에 물려주게 되어 버리지. 이렇게 개인이 해결할 수 없는 문제가 되었다면 이제 누가 나설 차례지?

> 혼란의 시대에 나 홀로 황금빛인 것이 과연 아름다운 걸까?

가난한 삶과 더불어 형은 이 책을 보고 아름다움에 대해 고민하지 않을 수 없었어. 예술을 모른다는 비판이 두려웠던 시의회 의원은 왕자의 동상을 수탉 모양을 한 풍향계에 빗대며 아름다움을 운운하거든. 더구나 잿빛으로 변한 동상을 거지와 같다며 끌어내리지. 그 장면에서 형은 작가가 아름다움이 어디에서 비롯되는지를 우리에게 묻는 게 아닐까 생각했어.

흔히 정상이라고 부르고, 자연스러운 것이라고 말하는 기준과 아름답다는 기준을 누가 정한 걸까? 도시의 가장 높은 곳에서 처참한 사

"어느 쪽이 더 아름다운가요?"

람들의 삶이 한눈에 보여도 황금과 보석으로 치장한 채 있는 것과 모든 것을 나누고 잿빛으로 변한 것 중 어느 쪽이 아름다운가에 대해 고민해 볼 필요가 있겠지. 달라진 동상의 모습에서 정상과 비정상, 아름다움과 추함에 대해 한번 의심해 보라는 작가의 의도가 있지 않을까? 덧붙여서 제비와 갈대, 제비와 왕자의 사랑은 어떤 빛깔일까? 새와

식물, 새와 동상이 서로 사랑할 수 있는 사이라고 감히 생각들이나 했을까?

오스카 와일드

형도 이 작품을 다시 읽으며 작가가 남긴 의문들을 자꾸 찾아보게 되었어. 흔히들 말하는 정상과 비정상, 행복과 불행, 아름다움과 추함의 경계가 얼마나 단단하지 못한 것인지를 자꾸 생각하게 되었거든. 그런데 지호야, 이상하게도 이 단단하지 않은 것들이 세상을 아주 단단하게 받치고 있단다.

멀리 갈 것도 없이 이 작품의 작가를 볼까? 오스카 와일드는 동성애자였어. 그와 같은 동성애자는 이상하거나 평범하지 못하다는 생각, 혹은 가난한 사람은 당연히 불행하다고 여기는 사고가 너와 내 머릿속에도 있지 않니?

조심스럽게 그런 생각을 끄집어내서 정정하지 않으면 그 사고를 통해 타인의 삶을 쉽게 단정해 버리기도 해. 물론 그건 네 잘못은 아니야. 아주 오랜 시간 동안 그렇게 배워 왔고 또 전해지면서 너도 나도 가지게 된 생각이니까 말이야. 하지만 지금이라도 의심해 본다면 앞으로 또 아주 오랜 시간이 흐르고 난 뒤에는 이것이 이해하기 어려운 생각으로 받아들여질 수도 있을 거야.

물론 의심하고 생각해 보는 일들이 귀찮고 불편할 수도 있어. 남들과 다른 생각을 말하다 관계가 불편해질 수도 있고, 왜 예민하게 구느냐고 비난받을 수도 있겠지. 그렇지만 형은 너와 이 불편한 이야기들을 계속 나누고 싶어. 또 무엇보다 네가 이제는 스스로 동화와 관련된 내용들을 찾아보고 문제를 생각해 본다는 게 무척 뿌듯하고 기뻐. 다음엔 어떤 내용이 전해질지 기대하며.

p.s.
세상을 이해하기 위해 우리가 알아야 할
동성애

레오나르도 다빈치, 앤디 워홀, 키스 해링, 랭보, 엘튼 존, 이완 맥컬런, 레이디 가가, 안젤리나 졸리, 린제이 로한, 캘빈 클라인, 돌체 앤 가바나, 홍석천, 그리고 오스카 와일드…….

이들은 화가, 시인, 음악가, 배우, 디자이너 등 각 분야에서 뛰어난 능력을 발휘한 이들이야. 그리고 동성애자이거나 양성애자들이기도 해. LGBT라고 들어봤니? 레즈비언(lesbian), 게이(gay), 양성애자(bisexual), 트랜스젠더(transgender)의 앞 글자들을 따서 만든 말이지. 이들의 욕망은 남녀 간의 성적 욕망만을 당연한 것으로 여기는 사회 문화에서 정상으로 분류되지 않아. 따지고 보면 별 생각 없이 쓰는 '정체성의 혼란'이라는 표현도 정상과 비정상의 기준을 다수의 이성애자들에게 두고 있는 표현인 셈이지. 이들에 대해 네가 어떤 관점과 태도를 가지기 전에 형은 이들의 욕망에 기준점이 어떻게 생겨났고 누구에게 있는지 의심해 보았으면 좋겠어. 타인의 삶을 함부로 재단할 기준이 언제, 어떻게 생겨났는지, 그리고 지적하고 비판할 권리를 누구에게 받았는지 말이지.

춘향전

옛날 전라도 남원부에 살던 이름 높은 기생 월매는 참판 벼슬을 지낸 양반 성씨의 아내가 되면서 기생을 그만두었지. 하지만 마흔이 넘도록 둘 사이에 아이가 생기지 않자 월매는 남원의 광한루 오작교 밖으로 기도할 데를 찾아 떠났단다.

기도를 마친 5월 5일, 월매가 꿈을 꾸었어. 꿈속에서 한 선녀가 나타나 옥황상제가 하늘 아래에서 지내라는 벌을 내렸으니 자신을 불쌍히 여겨 맡아 달라는 거야. 그리고 열 달 후에 옥 같은 딸아이를 낳았어. 그래, 바로 이 아이가 춘향이야.

아버지 성참판과 어머니 월매의 사랑을 받으며 자란 춘향은 마음씨와 몸가짐이 바른 건 물론이고 글과 바느질에도 뛰어났어. 남원부 사람치고 춘향을 칭찬하지 않는 사람이 없을 정도였지.

춘향이 열여섯이 되었을 때 남원부에는 서울 양반 이한림이 남원 부사로 와 있었어. 열여섯 먹은 아들 이몽룡도 함께 데리고 왔는데 남원의 빼어난 자연 속에서 공부를 시키자는 뜻이었지. 하지만 책방에 갇혀 공부만 하기에는 너무 날이 좋은 음력 5월 5일, 단옷날 몽룡은 꾀를 내어 아버지에게 이렇게 말하지.

"오늘 날씨가 참 좋습니다. 허락하신다면, 시심을 가다듬으며 남원부를 한 바퀴 돌고 싶습니다."

몽룡은 한껏 차려입고 나귀에 화려한 장식을 하고는 집을 나섰어. 그리고 광한루에서 그네를 타는 춘향이를 보게 된 거야. 몽룡은 함께 나온 몸종 방자에게 춘향이 기생 월매의 딸이라는 말을 듣고 춘향에게 자신을 보러 오라고 하지. 춘향은 기생의 딸이고, 자신은 양반이니 당연히 올 줄 알았던 거야.

그런데 춘향이가 이를 딱 거절했지. 몽룡이 방자를 시켜 춘향에게 자신의 경솔함을 사과했지만 춘향의 마음을 움직일 수 없었어. 이후 몽룡은 자나 깨나 앉으나 서나 춘향만을 생각하다 병이 날 지경이었지. 이를 보다 못한 방자가 몽룡에게 편지를 쓸 것을 권했고 편지를 받은 춘향은 그제야 몽룡을 만나기로 했단다.

이제 춘향과 몽룡은 깊은 밤, 춘향의 집에서 부부의 인연을 맺어. 몽룡은 춘향을 자신의 아내로 맞이하겠다는 약속이 담긴 불망기를 작성했고 춘향의 엄마 월매의 허락도 받았지.

하지만 둘의 밀회는 오래가지 못해. 몽룡의 아버지가 승진해서 서울로 돌아가게 되었거든. 갑작스러운 일에 몽룡은 울음을 그치지 못했고 부모님께 춘향을 데려가겠다고 떼도 썼지만 소용없었어. 그렇게 몽룡과 춘향은 어쩔 수 없이 헤어졌지. 다시 오겠다는 약속만을 남긴 채.

하루, 이틀, 사흘. 많은 날이 흘렀지만 이몽룡에게선 아무 소식이 없었어. 남원부사로 새로 부임한 변학도는 춘향을 끌어내 수청을 들게 하려 했지. 매도 때리고 회유도 했지만 춘향은 마음을 움직이지 않았어. 이미 자신은 이몽룡의 아내라고 말이야. 오히려 부녀자를 겁탈하려 한다고 변학도에게 대들었지.

변학도는 춘향을 옥에 가두어 칼을 씌웠어. 바로 그 즈음 이몽룡은

과거에 급제해 암행어사가 되었고 남원을 감찰하라는 어명을 받게
돼. 거지 행색을 하고 남원에 내려온 몽룡은 그간 춘향이 겪은 고초
를 전해 들었지. 변학도의 생일잔치 전날, 거지 행색을 한 채 옥에 갇
힌 춘향을 만나기도 했어. 그리고 어떻게 되었냐고?

변학도의 생일잔치 날, 몽룡은 "암행어사 출두요~"를 외치며 탐
관오리를 벌하고 억울하게 갇힌 죄인들을 풀어 주었어. 마지막으로
춘향을 부른 몽룡은 춘향에게

"다른 수령이 와도, 암행어사가 와도 수청을 들지 아니하겠느냐?"
라고 물어보지. 춘향은 화가 나서 차라리 자신을 빨리 죽이라며 대
들지. 그제야 몽룡은 춘향의 앞으로 가서 자신이 누구인지를 밝혔어.
그렇게 춘향과 몽룡은 감격스러운 재회를 하게 돼. 이 소식을 들은
왕은 춘향이가 자신의 뜻을 잃지 않고 정조를 지킨 것을 높이 평가해
정렬부인으로 봉했고 둘은 오래도록 행복하게 살았대.

몽룡전이 될 수 없는 이유

안녕, 형. 요즘 소식이 좀 뜸했지? 내가 좋아하는 여자 친구가 생겼거든. 궁금하겠지만 그 친구에 대해서는 여기까지만이야. 한동안 그 친구랑 썸을 타느라 좀 힘들기도 했고 어렵기도 했어. 다행히도 그 친구가 내 마음을 받아 줘서 이제 겨우 사귀기 시작했거든.

남고에 다니는 내가 어떻게 그 친구를 만났는지 궁금하지? 지난번에 내가 독서토론 대회에 나간다고 했었잖아. 거기서 우리 상대로 나온 학교 팀원 중 한 명이야. 그 친구의 학교만 알았는데 겨우겨우 이름을 알아내고 연락처를 물어보느라 우여곡절이 많았어. 그런데 얼마 전에 걔가 뜬금없이 춘향이에 대해서 어떻게 생각하느냐고 묻는 거야. '갑자기 웬 춘향이?' 싶었지만 썸녀에 대한 예의와 진심을 담아 열심히 춘향전을 완독했어. 그런데 다시 읽어 보니 춘향이가 정말 인상적인 거야.

사실 나는 춘향과 몽룡이 만나서 사랑했지만 헤어졌고 성공한 몽룡이 돌아와서 죽을 뻔한 춘향을 구해 준 내용으로 《춘향전》을 기억하고 있었어. 착하고 예쁘기까지 한 춘향이가 몽룡에 대한 마음을 지킨

덕에 기생에서 양반의 정실부인으로 신분이 수직상승한 이야기라고 생각했거든. 그런데 다시 차근차근 읽어 보니 춘향은 몽룡에게 무엇인가 바라고 기대한 것이 아니었어. 그녀는 자신의 마음을 지키고 싶은 사람이었던 거야. 아닌 것에 아니라고, 싫은 것에 싫다고 말할 수 있는 용기가 있는 사람이었더라고.

광한루에서 그네를 타는 춘향을 처음 본 몽룡은 춘향이 기생의 딸이라는 걸 알고 아무런 고민도 없이 방자에게 불러오라고 명령을 해. 만약 춘향이가 사대부 집안의 딸이었다면 그렇게 쉽게 부를 수 있었을까? 아마도 아니었을 거야. 기생의 딸이니 춘향도 기생이라고 여겼고 자신은 양반이니 마음대로 불러도 된다고 생각했겠지. 완전 갑질이지 않아?

그런데 춘향은 몽룡의 제안을 한 번에 거절해. 지가 양반이면 다냐는 식이었지. 몽룡은 당황했고 그제야 자신의 잘못을 깨달아. 물론 이 부분에서 몽룡이 화를 내지 않고 반성했다는 점은 훌륭하다고 생각해. 아무튼 혼자서 마음고생을 하다 춘향을 만났지만 여전히 몽룡은 부모님의 눈을 피해 야심한 시간에 춘향을 찾아오고, 서울로 가게 되자 어쩔 도리가 없다며 헤어지자고 말해. 그런 몽룡의 모습은 마마보이 같았어.

곧 다시 오겠다던 몽룡은 오랫동안 연락이 없었어. 몽룡은 서울에서 열심히 공부했고 장원급제도 했지만 여전히 춘향에겐 소식을 전하지 않았지. 몽룡이 아무 소식이 없는 동안에도 춘향은 자신이 배우고 알고 있는 대로 두 명의 지아비를 섬기지 않기 위해 변학도와 싸우고 있었는데 말이야. 춘향을 다시 보면 마음이 약해질까 봐 아무런 연락도 하지 않았을까? 그렇다 해도 다른 사람들을 시켜서라도 춘향의 소식 정도는 듣고 도울 일은 도왔다면 어땠을까 싶었어.

여기까지도 그럭저럭 이해한다고 쳐. 나는 몽룡이 암행어사가 되어 돌아온 후에 춘향을 대하는 태도에도 너무 실망했어. 신분을 감춰야 했기 때문이었겠지만 거지의 몰골로 찾아가는 것은 춘향을 시험해 보려는 것 아니겠어? 내가 이런 모습이어도 사랑이 변하지 않을 수 있겠냐며 시험하는 거잖아? 오랫동안 기다려 준 사람을 이런 식으로 시험하다니! 더구나 변학도를 응징하고 나서도 춘향에게 정체를 밝히지 않고 암행어사의 수청을 들겠냐고 물어봐. 이 부분에서는 정말 같은 남자로서 부끄럽더라.

과정이야 어찌 되었든 춘향과 몽룡이 다시 만났고 춘향은 몽룡의 품계에 맞는 정렬부인이라는 칭호를 받아 양반이 되었어. 하지만 내가 춘향이라면 화가 났을 것 같아. 거지로, 암행어사로 자신을 두 번이나 시험한 몽룡에 대해 말이야. 형이라면 어땠을 것 같아?

아무튼 이런저런 생각을 하며 춘향전을 다시 읽었어. 춘향이에 대해 어떻게 생각하느냐는 그 친구의 물음에 나는 춘향이는 몽룡이 아니라 자기 자신을 택한 것 같다고 말했어. 몽룡이가 거지의 몰골로 왔을 때, 어쩌면 춘향은 살기 위해 변학도의 수청을 들어야 할까를 고민했을지도 몰라. 그런데 춘향은 끝끝내 변학도에게도, 또 암행어사에게도 자신이 유부녀임을 강조하며 수청을 거부하잖아! 춘향은 그러니까 몽룡이의 성공과는 관계없이 자신의 마음을 지키기 위해, 현실과 타협하지 않은 거지. 누구와도 상관없이 자기 자신을 위해서 말이야. 그래서 나는 춘향이가 멋진 여성인 것 같다고 말했어. 자신의 선택에 끝까지 책임지려고 하는 모습, 현실과 쉽게 타협하지 않으려는 모습이 말이야.

여전히 나는 그 애가 갑자기 춘향이에 대해 물은 이유를 몰라. 하지만 내 대답이 썩 마음에 들었는지 그때부터 우리의 수다는 지금까지 진행 중이야. 하핫. 형이 엄청나게 궁금할 것 같으니, 이름만 말해 줄게. 그 친구 이름은 유진이고 걔도 나처럼 동화들을 다시 읽고 있대. 이제는 여자 친구인 유진이와 함께 다른 동화들도 읽어 보고 생각을 나누어 보려고 해. 그러니까 이 편지는 형에게 쓰는 마지막 편지가 될 듯해! 형, 그동안 바빴을 텐데도 내 이야기를 들어 주고 대답해 줘서 고마워. 답장 기다릴게.

사랑에 대한 환상을
의심하다

　너에게 여자 친구가 생겼다니! 형에게는 마냥 어려 보이는 우리 지호가 사랑을 시작한다고 생각하니 정말 신기하네. 유진이라는 친구와 사이좋게 잘 지내기 바라.

　그나저나 그 친구는 너에게 춘향에 대해 왜 물었을까? 형도 네 편지를 받고 나서는 '춘향이는 이몽룡을 기다리며' 식으로 내용을 떠올렸어. 하지만 네 말처럼 책을 다시 읽으니, 글자로 적힌 춘향이가 새롭게 보이더라. 춘향이는 몽룡을 기다렸다기보다 자신의 선택과 마음을 끝까지 지킨 용기 있는 여인이었다는 말에 100% 동의해.

　몽룡이 거지의 행색으로 찾아왔을 때도 실망하기보다 자신이 가진 몇 안 되는 옷가지와 보석들을 팔아 몽룡의 옷을 해주라는 말만 보아도 춘향의 마음을 알 수 있어. 춘향이는 몽룡이 남원부사의 아들이어서, 언젠가 과거에 급제해 높은 사람이 될 것이라는 기대 때문에 사랑한 게 아니었던 거야. 이제 와 그의 모습이 초라하다고 해서 배신한다면 그건 자기 자신에 대한 배신이겠지. 아마 그래서 춘향은 수청을 거절하고 죽음을 택하려 했을 거야. 그래야만 자신의 진실한 마음을 온 세상에 증명해 보일 수 있을 테니 말이지.

하지만 바로 그 점에서 이 작품이 참 가혹하다는 생각이 들었어. 너도 알고 있겠지만 《춘향전》은 구전되어 오던 판소리가 소설로 정착한 작품이야. 춘향전의 내용은 사람들의 입으로 전해지며 내용이 보태지기도 하고 또 빠지기도 했을 거야. 그렇기에 그 말들은 당시의 시대 상황과 사람들의 생각을 크게 담고 있지. 그래서 당시 사람들이 생각하기에 춘향이처럼 낮은 계급의 사람들이 사랑을 얻으려면 최소한 죽으려는 각오 정도는 해야 한다는 우회적인 충고를 담은 이야기로 볼 수도 있어. 그렇게 본다면 씁쓸한 마음이 들어. 기생과 같이 낮은 계급이 감히 양반을 사랑하고 또 사랑을 얻으려면 최소한 예쁘고, 착하

춘향전 한글판 영인본

고, 거기다 글도 좀 읊는 것은 기본이고 죽음을 각오하고 마음을 지키는 노력을 해야 한다는 의미이니까.

온갖 갖추기 힘든 조건을 내세우면서 춘향은 어디까지나 이야기에만 존재하는 인물이니 현실에서는 꿈도 꾸지 말라는 선한 의도로 경고하는 것일지도 몰라. 현실에는 없는(없을) 춘향이기 때문에 사랑을 위해 목숨을 건 이야기가 오늘을 사는 우리에게까지 건너올 수 있었을지도 모르지.

어디에도 없고 이야기에만 살아 있는 그녀, 춘향

그런데 가만 생각해 보면 춘향이와 몽룡의 사랑 구조가 낯설지 않아. 리모콘을 누르면 나오는 드라마도 이와 비슷한 것 같지 않니? 낮은 계급 대신 가난한 여자 주인공, 양반 대신 재벌 2세가 등장하는 드라마는 흔히 볼 수 있으니까 말이야. 세세한 설정은 다르지만 여성은 약하고 보호받아야 할 대상으로 등장해. 그럼에도 불구하고 여자 주인공은 사랑을 지키기 위해 갖은 시련을 이겨 내지. 그녀가 그럴수록 세상을 다 가진 듯한 남자 주인공은 여자 주인공을 지키기 위해 노력하고 말이야. 이 둘 사이를 훼방하는 변학도처럼 못된 놈이 등장(간혹 돈 많은 다른 여성이 등장하기도 해)하지만 둘의 마음은 변하지 않아. 오늘날의 드라마는 계급이 아닌 돈을 이겨 낸 사랑 이야기로 바뀌었을 뿐이야. 하지만 대부분의 사람들은 재벌 2세를 만나 사랑에 빠질 거

라는 기대는 거의 하지 않지.

춘향전과 오늘날의 드라마들은 현실을 바탕에 두고는 있지만 실제로는 거의 불가능한 판타지야. 현실 가능성이 해리포터를 만나 호그와트에 가는 것과 비슷한 정도지. 드라마 속 인물들의 옷과 가방을 따라 하고 드라마에 나온 장소를 찾아간다고 해서 현실 속 내가 드라마 속 인물처럼 될 수는 없는 거야. 또 사랑에 빠진 남녀가 눈이 마주치고, 수줍어하다 서로 입술이 닿는 순간도 드라마와 현실은 아주 달라. 현실에서는 누군가 지켜봐 주는 사람도 없고, 카메라가 클로즈업해 주지도 않고, 낭만적인 음악도 나오지 않아. 그러니까 머릿속으로 상상하는 장면들이 현실에서는 조금, 아니 많이 다를 수 있다는 걸 명심

하길 바라. 사랑은 환상이 아니라 현실이니까. 어설프게 어디서 본 거 흉내 내려고 하지 말라는 형의 당부야. ㅋㅋ

춘향전을 끝으로 너와의 편지가 마무리된다고 생각하니 아쉽네. 형도 네 덕분에 오래전에 읽었던 책들을 다시 꺼내 읽어 보는 재미가 쏠쏠했거든. 어쩌면 앞으로는 형이 너에게 먼저 편지를 보낼지도 모르겠어. 우리가 사는 세상은 이야기 속 세상과는 분명 달라. 그러니까 이야기를 이야기로만 봐야 한다고 말하는 이들도 있을지 모르겠다. 지나치게 의미를 부여하지 말라고 말이야.

하지만 곰곰이 생각해봐. 이야기라고 하는 것들이 어디서 튀어나왔을까? 하늘에서 툭 떨어졌을까? 그렇지 않아. 우리가 두 발을 디디고 사는 현실 어디에선가 나온 것들이지. 그러니까 당연히 약하고 가난한 여자 주인공, 당연히 돈 많고 능력 있는 남자 주인공의 등장에 우리가 불편함을 느껴야 하는 거야. 춘향전의 인물 구도가 왜 수백 년이 지난 오늘까지 이어지는지 생각해 봐야 하는 거지.

재벌 2세 여성과 평범한 남성의 사랑 이야기는 왜 많이 등장하지 않는지를 고민하고 의심해 봐야 하지 않을까? 여자는 약하게 남자는 강하게 그려 내는 드라마와 영화들 속에서는 여자는 약해도 되고, 남자는 강해야 한다는 의미심장한 메시지를 읽을 수 있었으면 해. 어쩌면 형과의 편지 때문에 너는 세상을 더 불편한 시선으로 바라보게 될지도 모르겠다. 하지만 그 덕분에 너 역시 원하지 않는 역할을 하려고 애쓰지 않아도 된다는 걸 깨달았기를 바라.

p.s.
세상을 이해하기 위해 우리가 알아야 할
판타지

영화, 소설, 음악, 게임 등이 말하는 판타지의 의미와는 엄밀하게는 다를지 몰라. 하지만 이것들과의 공통점은 실재하지 않으면서도 어딘가에는 그럴듯하게 있을 거라고 믿게 만드는 '무엇'이 아닐까 싶어. 반지의 제왕, 해리포터 시리즈 등과 같이 유명한 판타지물들이 그러하듯 말이야.

우리가 쉴 새 없이 누르는 키보드와 마우스로 보여지는 인터넷 세상이나 영화, 드라마, 어릴 때부터 읽은 동화들도 모두 판타지의 한 종류가 될 수 있어. 그러니까 우리는 판타지라는 환상을 아주 가까이 그리고 매우 자주 접하면서 살아가는 셈이야. 사람들의 상상력을 자극시키고 현실의 단조로움을 벗어난 환상의 공간은 읽고 보고 생각하는 즐거움을 줘. 하지만 환상의 공간에도 사람 혹은 사람처럼 보이는 이들이 선과 악을 나누거나 먹고사는 문제로 갈등하며 살아가. 다시 말해 현실과 다른 공간과 인물일 뿐 현실과 비슷한 고민들을 하며 산다는 거야.

그렇다면 거꾸로 판타지야말로 오늘을 사는 우리의 현실이 반영되어 있는 거 아닐까? 성별, 장애, 피부색, 나이 등 많은 차이를 차별하는 가상의 이야기들이 바로 오늘의 자화상은 아닐지 고민해 보길 바라. 판타지니까, 현실이 아니니까 무시하지 말고 말이지.

동화책 ───

《백설공주 : 그림형제의 기묘한 이야기》(빨간 모자, 라푼젤, 개구리왕자 수록) 그림형제, 김양
　　미 역, 인디고, 2010

《피터 팬》 제임스 매튜 배리, 정지현 역, 인디고, 2013

《작은 아씨들》 루이자 메이 올콧, 김양미 역, 인디고, 2011

《선녀와 나무꾼》 한국민속문학사전, http://folkency.nfm.go.kr/kr/topic/선녀와나무
　　꾼/5862

《빨간구두, 안데르센 동화집》 한스 크리스티안 안데르센, 이나경 역, 현대문학, 2011

《오즈의 마법사》 L.프랭크 바움, 김양미 역, 인디고, 2018

《피노키오》 카를로 콜로디, 김양미 역, 인디고, 2009

《미녀와 야수》 쟌 마리 르 프랭스 드 보몽, (주)미르북컴퍼니, 2014

《미녀와 야수》 쟌 마리 르 프랭스 드 보몽 저, 최헵시바 역, 더클래식, 2017

《플랜더스의 개》 위다, 김양미 역, 인디고, 2012

《페로동화집》 샤를 페로, 전세철 역, 노블 마인, 2005

《80일간의 세계 일주》 쥘 베른, 정지현 역, 인디고, 2014

《행복한 왕자》 오스카 와일드, 이지민 역, 창비, 2001

《높은 바위 바람 분들 푸른나무 눈이 온들 – 춘향전》 고영, 북멘토, 2015

《페미니즘의 개념들》(사)여성문화이론연구소, 동녘, 2015

《남녀차별은 왜 생겨났나》프랑수아즈 에리티에, 박찬규, 구름서재, 2017

《마더쇼크》EBS〈마더쇼크〉제작팀, 중앙 BOOKS, 2012

《그런 이중잣대는 사양합니다》제시카 발렌티, 홍지수 역, 두시의 나무, 2018

《동화경제사》최우성, 인물과 사상사, 2018

《넬리 블라이의 세상을 바꾼 72일》넬리 블라이, 오수원 역, 모던 아카이브, 2018

《황현산의 사소한 부탁》황현산, 난다, 2018

〈정여울의 책갈피 속 마음여행－여성들이여, 꿈을 결코 포기하지 말아요〉정여울, 신동아,
    2017

〈A Cultural History of Mansplaining〉릴스 로스먼, The Atlantic, 2012

〈우리나라 성폭력 실태〉여성가족부, 2016 성폭력 실태조사

〈2017년 분노의 게이지 : 친밀한 관계에 있는 남성에게 살해당한 여성 통계 분석〉한국 여
    성의 전화

〈전국 인공임신중절 변동 실태조사〉손명세 외, 보건복지부, 2011

〈'낙태' 처벌, 왜 위헌인가〉2014년 5월 14일 '낙태죄' 관련 법 개정을 위한 연속 포럼 두 번째

〈인생에서의 외모의 중요도〉한국청소년정책연구원, 청년사회 · 경제실조사, 2017

〈성형수술 경험 및 목적과 미용목적으로 성형수술을 한 이유〉한국청소년정책연구원, 청년
    사회 · 경제실조사, 2018

〈외모로 인해 불이익, 차별 경험〉여성가족부, 양성평등실태조사, 2017

로망 뜻, [네이버 지식백과] 낭만 [Roman] (콘셉트커뮤니케이션, 2014. 4. 15., 커뮤니케이션북스)

〈'우리가 멈추면 세상도 멈춘다'…#여성소비총파업 운동까지〉한겨레신문 황금비 기자,
    2018년 6월 26일자

〈'핑크택스'를 아십니까…"여성 커트 18000원 남성 12000원, 머리길이 때문?"〉국민일
    보 신혜지 기자 2018년 7월 1일자
세상을 바꾸는 15분 – '차별은 비용을 치른다' 손아람, https://youtu.be/cYuFnDyARBw